ANDERS REITEN ABER WIE?

Claus Penquitt

Anders reiten aber wie?

Fragen an die
Freizeitreiter-Akademie

Kosmos

Mit 19 Farbfotos und 56 Schwarzweiß-
zeichnungen von Cornelia Göricke,
Visselhövede

Umschlaggestaltung von Atelier Jürgen Reichert,
Stuttgart, nach einem Entwurf und unter
Verwendung von Fotos von Cornelia Göricke;
Visselhövede

 **Bücher • Videos • CDs • Kalender • Seminare**
zu den Themen: • Natur • Garten und Zimmerpflanzen • Astronomie • Heimtiere • Pferde & Reiten • Kinder- und Jugendbücher • Eisenbahn / Nutzfahrzeuge

Nähere Informationen sendet Ihnen gerne
Kosmos Verlag · Postfach 106011 · 70049 Stuttgart

Die Deutsche Bibliothek – CIP-Einheitsaufnahme

Penquitt, Claus:
Anders reiten, aber wie? : Fragen an die
Freizeitreiter-Akademie /
Claus Penquitt. – Stuttgart :
Kosmos, 1997
  ISBN 3-440-07158-8

Alle Angaben in diesem Buch erfolgen nach bestem Wissen und Gewissen. Sorgfalt bei der Umsetzung ist indes dennoch geboten. Der Verlag übernimmt keinerlei Haftung für Personen-, Sach- oder Vermögensschäden, die aus der Anwendung der vorgestellten Materialien und Methoden entstehen.

© 1997, Franckh-Kosmos Verlags-GmbH & Co.,
Stuttgart
Alle Rechte vorbehalten
ISBN 3-440-07158-8
Lektorat: Gudrun Braun
Printed in Germany/Imprimé en Allemagne
Satz: Utesch Satztechnik GmbH, Hamburg
Druck und Binden: Huber KG, Dießen

Anders reiten, aber wie?

Fragen brauchen Antworten ___ 9

Anders reiten, aber wie? ___ 9
Anspruchsvolles Freizeitreiten – was ist das? ___ 10
Gymnastizierung des Pferdes – der rote Faden dieser Reitlehre ___ 10

Fragen zum Pferd ___ 13

Welche Pferderassen sind für diese Reitweise geeigneter als andere? ___ 13
Nur für den ganz speziellen Zweck – die ganz spezielle Rasse ___ 14
Die eigene Mentalität bestimmt die Wahl des Pferdes ___ 14
Warum haben Sie sich für einen Araber entschieden? ___ 14
Watani 12 – ein Wunderpferd? Nein, aber ein typischer Araber! ___ 16
Je vielseitiger das Reitprogramm, desto größer die Nervenstärke! ___ 16
Ihr Vigoroso ist ein Lusitano. Warum wollten Sie gerade ein iberisches Pferd? ___ 20
Vigorosos Narben – offene Wunden in seiner Psyche ___ 20
Vigoroso – eine unglaubliche Wandlung ___ 20
Eignen sich auch Ponyrassen für diese Reitweise und wenn ja, welche? ___ 21
Ponys lieben konsequente Anleitungen ___ 21
Warum soll ein Quadratpferd besser sein als ein Rechteckpferd? ___ 22
Idealmaße bringen viel, aber nicht alles! ___ 23
Ist für diese Reitweise ein von vorneherein gelasseneres Pferd besser geeignet als ein lebhafteres? ___ 23
Wenn ich mir ein Pferd kaufe, welche Grundausbildung sollte es möglichst schon haben? ___ 24
Selbst ausbilden? – Nur, wer es wirklich kann! ___ 24
Welche Vorteile bietet die Bodenschule für diese Reitweise? ___ 25
Bodenschule macht das Einreiten leicht ___ 26

Fragen zur Ausrüstung ___ 27

Welche Sättel werden in der Freizeitreiter-Akademie empfohlen? ___ 27
Der Westernsattel ___ 27
Der iberische »Portuguesa« Sattel ___ 28

Der australische Stocksattel __ 29
Kann ich auch meinen konventionellen Sattel benutzen? __ 30
    Die Reitweise sollte die Art des Sattels bestimmen __ 30
Wie erkenne ich, ob ein Sattel auf mein Pferd paßt? __ 30
    Die Proportionen des Pferdes bestimmen die Sattelgröße __ 31
Sind gebißlose Zäumungen empfehlenswert? __ 31
    Gebißlose Zäumung – nicht zur Grundausbildung __ 31
    Kappzaum und Bosal – etwas für Fachkundige __ 32
Welche Gebisse empfehlen Sie für Ihre Reitweise? __ 33
    Das Snaffle Bit __ 34
    Das Halfbreed – eine Kandare aus Amerika __ 39
    Die ganz besondere Kandare – das Billy Allen-Bit __ 40
Braucht ein Freizeitreiter Sporen? __ 41
    So sind Sporen pferdefreundlich __ 42
Braucht der humane Reiter eine Gerte und wenn ja, wie sollte sie beschaffen sein? __ 43
Warum sind Hilfszügel jeder Art in der Freizeitreiter-Akademie nicht erlaubt? __ 44
    Kein Hilfszügel hilft Ursachen zu beseitigen __ 45

Fragen zum Sitz __ 47

Unterscheidet sich der in der Freizeitreiter-Akademie gelehrte Sitz vom konventionellen Sitz, und was heißt Kreuzanspannen? __ 47
    Sitz ist nicht gleich Sitz __ 48
Warum wird in der Freizeitreiter-Akademie nur ausgesessen geritten? __ 48
Was muß ich tun, um das stetige Aussitzen zu erlernen? __ 49
    Anspannen, nicht verspannen! __ 50
    Das Becken dynamisch abkippen __ 51
Wie kann ich im Trab besser aussitzen? __ 51
    Links hoch, rechts hoch – Sie müssen mitmachen __ 53
Kann ein Pferd mit empfindlichem Rücken ausgesessen geritten werden, oder ist es besser leichtzutraben? __ 54
Warum wird in der Freizeitreiter-Akademie nicht das Leichttraben gelehrt? __ 57
    Leichttraben bringt junge Pferde aus dem Gleichgewicht __ 57

Fragen zu den Hilfen __ 59

Wie kann ich mir merken, wo beim Reiten die Innenseite und wo die Außenseite ist? Gibt es dafür Regeln? __ 59
    Die richtige Definition – gar nicht so einfach! __ 59
    Keine Regel ohne Ausnahme __ 60
    Hohlgebogen und vollgebogen = innen und außen __ 61
Wie sensibilisiere ich ein grob gerittenes Pferd wieder für feinere Signale, und ist ein hartes Maul unheilbar? __ 61
    Die Hilfen als Sprache zur Verständigung __ 61
    Durch geschickte Belohnung zur Sensibilität __ 62
    Schluß mit dem Dauerdruck der Hilfen __ 62

Etwas Aufmunterung kann Wunder bewirken _____ 63
Hilfen nur als Signale _____ 64
Statt Kraftsport – Denksport als Belohnung! _____ 64

Warum wird in der Freizeitreiter-Akademie die Zügelführung anders gehandhabt als üblich? _____ 64
Ungewöhnliche Zügelführung = ungewöhnliche Erfolge! _____ 64
Die »Anlehnung« hat es in sich! _____ 65
Sinnvolle Zügelführung spart Hilfen und schont das Pferdemaul _____ 66
Seitengänge erlernen – besondere Zügelhilfen machen es leichter _____ 66
Ständiges Nachgeben – macht Pferde sensibel _____ 67

Gibt es in der Zügelführung auch Unterschiede, wie zum Beispiel für das Einreiten eines jungen Pferdes? _____ 68
Richtungsänderungen – der Zügel zeigt dem Pferd den Weg _____ 68

Warum sollte man beim Freizeitreiten nur bedingt einhändig reiten? _____ 69

Bei den Gewichtshilfen soll es typische Fehler geben. Welche sind diese und warum? _____ 71
Ihr Pferd möchte im Gleichgewicht mit Ihnen sein _____ 71
Durch Gewichtsverlagerung das Pferd entlasten _____ 72
Vornüberbeugen ist keine geeignete Gewichtshilfe _____ 72

Fragen zu den Gangarten, zum Stoppen, zum Rückwärtstreten _____ 74

Wann muß ich Schritt reiten und warum? _____ 74
Warmreiten = Meditationszeit! _____ 74
Ein korrekter Schritt – er liegt in Ihrer Hand! _____ 74
Das Pferd braucht Zeit zum Lernen – der Schritt gibt sie ihm _____ 75

Trab oder Jog, was ist der Unterschied? _____ 75
Der Jog macht vieles leichter _____ 76

Ist der Jog ein Schwungkiller? _____ 77
Der Jog macht Seitengänge zum Vergnügen _____ 77

Wie kann ich den Galopp besser aussitzen? _____ 78
Geben Sie acht – der Galopp macht Sie zum Pumpenschwengel _____ 79
Fest im Sattel sitzend mitschwingen _____ 80

Ab wann reite ich mein Pferd im Galopp? _____ 80
Länger warten – längere Lebenserwartung für das Pferd _____ 81

Wie bringe ich meinem Pferd das Stoppen bei? _____ 82
Bieten Sie Ihrem Pferd eine »drucklose« Belohnung an _____ 82
Treibende Hilfen – zum Stoppen unerläßlich _____ 83

Hat das Rückwärtstreten einen Ausbildungseffekt für mein Pferd? _____ 83
Zum Rückwärtstreten vorwärts treiben _____ 84

Mein Pferd will absolut nicht rückwärts gehen. Was kann ich tun? _____ 85
Bodenarbeit kann Wunder wirken _____ 85

Mein Pferd stürmt unkontrollier-

bar rückwärts. Was kann ich
hiergegen tun? _____ 86
   Der schnelle Weg zum
   »Stangensalat« _____ 86
   Vornüberbeugen bringt
   Schwierigkeiten _____ 87

Fragen zum Biegen und Beugen des Pferdes _____ 89

**Brauchen auch Freizeitpferde
Versammlung?** _____ 89
   Versammlung – aber nicht durch
   Zügeleinwirkung _____ 89
   Versammlung –
   nur mit Hankenbug _____ 89
**Sind Seitengänge für das
Freizeitreiten sinnvoll?** _____ 91
   Seitengänge – Naturheilmittel
   für die Psyche! _____ 91
   Seitengänge – neue Perspektiven
   auch für den Reiter _____ 91
**Warum wird das Schulterherein
in der Freizeitreiter-Akademie
als der wichtigste Seitengang
angesehen?** _____ 92

   Schulterherein zur Gymnastizierung und Korrektur _____ 93
**Welchen Sinn haben Kombina-
tionen von und mit Seitengängen?** _____ 94
   Aus einer Volte zum Schulterherein _____ 94
   Schulterherein-Galopp –
   erst auf dem Zirkel _____ 95
   Von einem Seitengang in den
   anderen gleiten _____ 95
   Ohne Seitengänge kein
   anspruchsvolles Freizeitreiten __ 95
**Was kann ich tun, wenn ich
keinen Reitplatz zur Verfügung
habe?** _____ 96

Anhang _____ 99

**Weitere empfehlenswerte
Literatur und Videos** _____ 99

Register _____ 100

Fragen brauchen Antworten

Seit der Veröffentlichung meines Buches »Die Freizeitreiter-Akademie« und der Eröffnung der »Freizeitreit-Akademie Hiddingen« in der Lüneburger Heide werde ich mit Fragen förmlich überflutet. Der Versuch, dieser Fragenflut Herr zu werden, war hoffnungslos, denn sie wurden nicht weniger, nur differenzierter. – Daher dieses Buch!

Freizeitreiter werden anspruchsvoller. Es genügt ihnen nicht mehr, sich auf ein Pferd zu setzen, um ausschließlich durch die Gegend zu reiten. Sie ahnen, daß Reiten mehr sein könnte als das, was ihnen bislang eigentlich genügte und dem Pferd genügen mußte. Sie wollen anders reiten – aber wie?

Immer öfter kommt dann das Gefühl auf, daß man auch dem Pferd zuliebe mehr tun möchte. Wenn ein Pferd schon das Reitergewicht tragen muß, sollte man auch für seine Gesunderhaltung Sorge tragen. Nur einfach ständig »geradeaus« zu reiten ist für die Ausgeglichenheit der Psyche eines intelligenten Pferdes zuwenig.

Einem Pferd müssen viele Abwechslungsmöglichkeiten geboten werden. Sonst wird es sich, und das geschieht oft genug, diese selbst suchen. Das wiederum kann den Reiter in erhebliche Schwierigkeiten bringen.

Hingegen wird sich das zum Phlegma neigende Pferd ohne ständige Anforderungen an seine Psyche mehr und mehr in eine kaum zu erschütternde Trägheit zurückziehen. Es gibt also viel zu tun. Diese Aufgabe aber macht Freude und wird auch der eigenen Psyche ungemein dienlich sein.

Nehmen solche und ähnliche Überlegungen Formen an, so wollen diese Freizeitreiter in vielschichtiger Hinsicht mehr wissen und tun. Sie nehmen Unterricht. Probieren es hier und dort. In dieser und jener Reitweise. Und haben Fragen, viele Fragen, weil sie besser reiten wollen.

Anders reiten, aber wie?

Etwas zum Grundsätzlichen. Wie auch immer Sie Ihr Reiten bezeichnen, wenn Sie es nicht haupt- oder nebenberuflich betreiben, sind Sie ein Freizeitreiter. Hierbei ist völlig nebensächlich, ob Sie Ihr Reiten als konventionell – manche sagen hierzu auch »englisch« – oder als Western-, vielleicht aber auch als Feld-, Wald- und Wiesenstil bezeichnen.

Der Begriff Freizeitreiter hat schon länger sein Negativ-Image abgestreift. Freizeitreiten hat in vielen Ausdrucksformen Anerkennung gefunden. Aber in welcher Form auch immer, es sollte, ja muß, dem Pferde zuliebe ein anspruchsvolles Reiten sein.

Freizeitreiter werden anspruchsvoller. Viele wollen nicht mehr nur einfach geradeaus reiten. Ihr Pferd soll besser gymnastiziert, seine Psyche gestärkt und zur vermehrten Mitarbeit animiert werden.

Warum man mit einer bisher ausgeübten Reitweise unzufrieden war? Die Betroffenen wissen es, und auch mir sind die Gründe, die hierzu geführt haben können, nicht neu. Natürlich kann es auch Neugierde sein, anders reiten zu wollen. Nun ja, wie dem auch immer sei: Zu beantworten wäre vor allem die immer wieder gestellte Frage, was soll ich beim Reiten denn anders machen, und wie?

Anspruchsvolles Freizeitreiten – was ist das?

Das in der Freizeitreiter-Akademie vermittelte anspruchsvolle Reiten besteht aus einer Synthese altklassischer Lektionen, wie sie François Robichon de la Guérinière lehrte, ferner Elementen des feinen altkalifornischen Westernreitens, verbunden mit Vorbildern aus der Reitweise des iberischen und südfranzösischen Raumes.

Gymnastizierung des Pferdes – der rote Faden dieser Reitlehre

Nach den altklassischen Grundsätzen ist eine konsequente Gymnastizierung der Pferde durch Biege- und Beugeübungen die Grundlage allen Reitens. Solche Übungen beginnen mit dem Ausreiten von Ecken und dem Reiten von Volten. Danach folgen die Seitengänge, von denen das Schulterherein als der wichtigste angesehen wird. Unerläßlich sind aber auch der Travers, die Traversale in verschiedenen Variationen sowie der Renvers.

Auch lassen sich die belebenden Elemente des feinen altkalifornischen Reitens, von denen viele auch im iberischen Raum beheimatet sind, sehr gut in die hier angesprochene Reitweise einfügen. So zum Beispiel die aus dem Stop durchgeführten Wendungen und der Stop selbst.

Aber auch die Art, in der die Hilfen dem Pferd übermittelt werden, unterscheidet dieses Reiten vom konventionellen. Die Hilfen bestehen hauptsächlich aus kurzen, aber eindeutigen Signalen.

Hinzu kommt ein anderes Verständnis über das Aus- und Fortbilden des Pferdes sowie des Umganges mit ihm. Dies alles gipfelt in einer absoluten Gelassenheit.

Eins fließt ins andere, so auch der Touch aus der Reitweise des iberischen und südfranzösischen Raumes. Er gibt diesem Reiten bei aller Präzision den Esprit, die Heiterkeit, Leichtigkeit und wie gesagt Gelassenheit.

Aber kann diese Synthese überhaupt Bestand haben? Ist sie nicht etwa als ein widersprüchlicher Mischmasch von Fragmenten verschiedener Reitweisen anzusehen und kann daher kaum als eine seriöse Reitweise gewertet werden? Nun, sie kann, und die Logik, die in ihr liegt, spricht dafür, ebenso die vielen Erfolge

Wer sich um anspruchsvolles Freizeitreiten bemüht, wird schnell die gymnastizierenden Seitengänge, wie hier die wunderschöne Traversale, erlernen.

der Reiter, die heute nach dieser Lehre reiten.

War doch die als altklassisch zu bezeichnende Reitkunst mit ihren noch heute gültigen Lektionen schon zu Zeiten Christoph Kolumbus' Bestand des iberischen Reitens. Ein Reiten, das die ausgewanderten Spanier im reichen Kalifornien dann noch sehr lange auf besondere Art pflegten. Ein Reiten, das durch die dortigen Verhältnisse modifiziert wurde und als eine Art Westernreiten vom Feinsten angesehen werden konnte.

So gesehen ist die hier praktizierte Reitweise eine sinnvolle, in sich schlüssige Synthese. Hier wird ein Reiten verwirklicht, das unseren mentalen Bedürfnissen, dem immer stärker werdenden Wunsch nach humaner Gestaltung der Freizeit mit Pferden – von der auch im besonderen das Pferd selbst profitiert – voll entgegenkommt.

Fragen zum Pferd

Frage: »Welche Pferderassen sind für diese Reitweise geeigneter als andere?«

Claus Penquitt: Das ist eine der häufigsten Fragen, die an mich gerichtet wird. Man könnte auch anders fragen: Welches Pferd zu welchem Reiten und für welchen Reiter? Nur so gefragt, kann dies differenzierter beantwortet werden. Verallgemeinerungen sind hier nicht möglich. So sollte sich zum Beispiel jeder vorerst fragen, wo sein bevorzugtes Interesse liegt.

Will ich mit einem auf fein abgestimmte Hilfen reagierenden Pferd sowohl im Jog als auch im Zeitlupengalopp durch die Landschaft reiten? Soll mich das Pferd hierbei mit entsprechender Versammlung, also weit untertretend, dadurch die Vorderbeine entlastend und in schöner

Will ich als Freizeitreiter die zur Gymnastizierung erforderlichen Lektionen zu feinster Dressur stilisieren, so bieten sich natürlich Rassen wie Lusitano, Andalusier oder Lipizzaner an.

Aufrichtung, mit federndem Rücken bis ins hohe Alter durch die Gegend tragen?

Dann brauche ich die altklassischen Lektionen und alles, was sonst noch zum Biegen und Beugen an gymnastizierenden Maßnahmen erforderlich ist, allein nur auf diesen Zweck abzustimmen. Für dieses Reiten muß das Pferd keine besonderen rassetypischen Eigenschaften haben.

Nur für den ganz speziellen Zweck – die ganz spezielle Rasse

Will ich aber die gymnastizierenden altklassischen Lektionen zu feinster Dressur stilisieren, so bieten sich natürlich Rassen wie Lusitano, Andalusier oder Lipizzaner an. Sagt man doch von ihnen, daß bereits die Fohlen im Mutterleib zu piaffieren beginnen.

Eine Besonderheit unter den Pferderassen ist der Araber. Er ist für nahezu alle Reitmöglichkeiten, die es gibt, verwendbar. Nur braucht der Araber einen besonderen Menschentyp, soll er neben seiner unglaublichen Zähigkeit auch seine ganze Schönheit und Eleganz bei entsprechender Nervenstärke entfalten.

Die eigene Mentalität bestimmt die Wahl des Pferdes

Bestimmte menschliche Mentalitäten passen zu bestimmten Pferden. So sollte derjenige, der nicht über besonders ausgeprägte Geduld, Ruhe und Gelassenheit verfügt, nicht unbedingt einen Vollblut-Araber wählen. Ein Shagya-Araber nimmt einiges gelassener hin, aber auch das läßt sich nicht verallgemeinern.

Es sollte folglich nicht die oftmals recht unsinnige Käuferumwerbung durch clevere Händler und Züchter die Wahl eines Pferdes bestimmen. Besonders kraß ist dies bei der Werbung für amerikanische Pferde als vielseitige Freizeitpferde festzustellen. Gewiß, die Hinterhand eines Quarterhorses ist für extreme Sliding Stops, Roll Backs und Spins, wenn überhaupt, dann von dieser Rasse, prädestiniert.

Auch ist es auf der Quartermile wohl das schnellste Pferd und zum Cowsense veranlagt. Hierbei handelt es sich um eine besondere Begabung, bei der Rinderarbeit nahezu selbständig, also ohne besondere Einwirkung des Reiters, ein Rind dahin zu dirigieren, wo es hin soll. All dies sind sicherlich Leckerbissen für den ambitionierten Western-Turnierreiter.

Welcher Freizeitreiter aber will sonst Rinder einfangen, auf vierhundert Meter der schnellste Streckenraser sein oder zum Stop auf einem Matschweg noch zehn Meter schlidern? Die immer wieder ins Feld geführte Gelassenheit dieser Pferde ist reine Erziehungssache und nicht rassebedingt.

Ich weiß, wovon ich rede, schließlich hat mein Araber Watani 12 mit mir über ein Jahrzehnt im Westernreitsport erfolgreich mitgewirkt. Er beendete seine Laufbahn mit dem Titel eines Europameisters.

Frage: Warum haben Sie sich für einen Araber entschieden?

Claus Penquitt: Manch einem bietet sich plötzlich ein Gelegenheitskauf an. Hier wird nicht nach Rasse und Papieren gefragt. Man greift zu und hat das Pferd,

WARUM EIN ARABER? | 15

Schmale Brücken ohne Geländer, dahinter der Wald als schwarzes Loch, knatternde Trecker und dergleichen können einem entsprechend ausgebildeten Pferd, gleich welcher Rasse, nichts anhaben.

über das dann alle staunen, wie toll es sich macht. Beide wachsen zusammen und sind vollauf zufrieden.

Andere hingegen, und zu denen zähle auch ich, denken lange und gezielt darüber nach, für welche Pferderasse sie besondere Neigungen empfinden. Es wird überlegt, ob sie ihrer Mentalität im Umgang entgegenkommen könnte und ob sich Pferde dieser oder jener Rasse für ihre persönlichen Reitambitionen besonders eignen.

Mir hatten es vor allem die Araber an-getan und hier im besonderen die Shagya-Araber. Araber haben eine Ausstrahlung, die mich ganz besonders fasziniert. Auch beeindruckt mich ihre überdurchschnittliche Intelligenz, die sich vor allem in ihrer schnellen Auffassungsgabe zeigt, und ich schätze ihre unglaubliche Zähigkeit.

Mein Shagya-Araber Watani 12 ist durch seinen Körperbau nicht unbedingt für die Dressur prädestiniert. Hieran sind sein recht tief angesetzter Hals sowie eine zu steil gewinkelte Schulter und Hüfte »schuld«. Ist er aber in Aktion, werden Sie hiervon wenig merken.

Ständiges Gymnastizieren mittels altklassischer Lektionen und viele Geschicklichkeitsübungen haben seine von Fachleuten festgestellten, der Dressur abträglichen Handicaps vergessen lassen. Und mir sind diese »Fehltritte« seiner Gene auch erst nach vielen Jahren, das heißt beim Schreiben dieser Zeilen, wieder eingefallen.

So konnte man seit Jahr und Tag einen Araber erleben, der sich in schönster Versammlung, mit weichen Gängen, federndem Rücken, stolzer, erhabener Haltung bei leicht durchhängenden Zügeln und kaum erkennbaren Hilfen seines Reiters präsentiert.

Watani 12 – ein Wunderpferd? Nein, aber ein typischer Araber!

Auch Watani 12 hat die schnelle Auffassungsgabe der Araber. Im Geschicklichkeits-Parcours ist er im wahrsten Sinne des Wortes ein Meister. Unzählige Male gewann er beim Westernreiten in dieser Disziplin, dem sogenannten Trail.

Aber nicht nur in dieser, auch in anderen, wie zum Beispiel dem Pole Bending. Hierbei handelt es sich um ein Slalomrennen, bei dem extrem enge, schnelle Wendungen mit fliegenden Wechseln erforderlich sind, wobei die Betonung auf »fliegen« angebracht sein dürfte. Hier hielt er bei den spurtschnellsten Pferden der Welt, den Quarterhorses, mit.

So machte Watani 12 seiner Rasse alle Ehre und verhalf seinem Reiter zu vielen Erfolgen. Nicht nur die verschiedenen Meistertitel, wie der des Europameisters, zeigten seine unglaubliche Vielseitigkeit. Vor allem zahlreiche Titel als Allaround-Champion (Turniergesamt-Sieger) sowie der des European-Champion-Superhorse machten dies deutlich. Dabei blieb Watani 12 durch mein Trainingsprogramm stets nervlich und körperlich kerngesund und überstand die zehnjährige Turniersaison spurlos.

Je vielseitiger das Reitprogramm, desto größer die Nervenstärke!

Zwischendurch gingen wir beide hin und wieder auf Wanderschaft. Damals waren 700 Kilometer lange Wanderritte noch etwas Besonderes. Auch hier zeigte sich die absolute Zähigkeit und Zuverlässigkeit des Arabers.

Während eines Rittes führte eine zwei Meter schmale und leicht schwankende Fußgängerbrücke hoch über eine viel befahrene Autobahn. Wäre mir die Genehmigung ihrer Benutzung nicht erteilt worden, so hätte ich (aus heutiger Sicht liebend gerne) die ca. zwanzig Kilometer Umweg in Kauf nehmen müssen.

Watani machte dies aber genausowenig aus wie die Situation, in der uns auf einer mit Stahlplatten belegten Eisenbahnüberführung mit einem Höllenlärm unerwartet Kettenfahrzeuge entgegenkamen und unter uns auch noch ein Zug durchraste.

Freizeitreiten hat viele Ausdrucksformen. Claus Penquitts Lusitanohengst Vigoroso ist beim Gymnastizieren mittels einer Traversale eifrig bei der Sache.

Seite 18:
Oben links: Welch ein edler, kluger und erhabener Ausdruck. Claus Penquitts Shagya-Araber Watani 12 lehrte ihn am intensivsten, mit Pferden zu denken.
Oben rechts: Ein Galopp, wie er sein soll: ruhig, weich und sanft schwingend, und das natürlich bei unmerklicher Hilfengebung – Watani 12 mit seinem Partner Claus Penquitt.
Unten: Stolz, Adel, Gleichklang in der Partnerschaft – Lusitanohengst Vigoroso mit seinem Besitzer Claus Penquitt zwischen Himmel und Erde.

Show mit Watani: Auf einer im künstlichen Bodennebel kaum sichtbaren Wippe von Riesenwunderkerzen umgrenzt – ein unerschrockenes Pferd, ein Araber!

Zwischendurch hatte ich eine Zeitlang Spaß an Distanzrennen. Nach einem Veterinärkurs zum Messen von Puls- und Atemwerten ging's mit einem konditionsaufbauenden Training los und danach zur Sache. In Rennen mit Distanzen zwischen dreißig und achtzig Kilometern kam Watani, nach ruhigem und von mir ausgesessenem Dauergalopp, oftmals nicht nur als erster durchs Ziel, er gewann zusätzlich auch noch den begehrten Konditionspreis.

Heute erfreut Watani ab und zu in Shows sein Publikum mit Kunststückchen. So prescht er im Galopp durch eine undurchsichtige Papierwand oder steht auf einer in künstlichen Nebel eingehüllten Wippe, rundherum mit Feuerwerk, und schaukelt in gelassener Aufmerksamkeit. Daß mir hierbei noch ein in meiner Hand gehaltener, brennender Zweig mit einer langen Trickpeitsche stückweise abgeschlagen wird, verfolgt Watani, ohne sich von der Stelle zu rühren.

Während ihn im Sommer ein hauchdünnes, seidig glänzendes Fell, das seine Adern besonders am Kopf deutlich markiert, in den Adelsstand erhebt, wirkt er im Winter mit seinem feinen, aber äußerst dichten Pelz wie ein Kuscheltier zum Spielen. Vor kurzem fragten Besucher, ob das wie ein Fohlen spielende und auf zwei Beinen senkrecht stehende Pferd schon angeritten sei. Nun ja, mit zwanzig Jahren, die er jetzt ist, sollte dies wohl geschehen sein.

Welch ein Pferd! Watani 12, eine lebende Legende – ein Araber.

> **Frage:** Ihr Vigoroso ist ein Lusitano. Warum wollten Sie gerade ein iberisches Pferd?

Claus Penquitt: Wer einmal als Pferdefreund die andalusischen Pferde im tiefen Süden Spaniens erlebte, kommt mit glänzenden Augen zurück. Auch mir ging es bei meinen vielen Aufenthalten in Andalusien nicht anders. Durch einen Abstecher nach Portugal vertiefte sich dieser Eindruck. Ich hatte dort die Lusitanos kennen- und liebengelernt.

Allerdings vermochte ich keinen Unterschied zwischen den beiden iberischen Rassen zu erkennen. Ich war vernarrt in iberische Pferde. Ihre Ausstrahlung, die tänzerischen Bewegungen, der sanfte Blick aus großen dunklen, ovalen Augen ließen mich nicht mehr ruhig schlafen.

In Spanien herrschte seinerzeit die Pferdepest. Von dort bekam man kein Pferd heraus. Hingegen konnten aus Portugal auf dem Luftwege Lusitanos importiert werden. Dann bot sich eine günstige Gelegenheit: Ein zehnjähriger Lusitanohengst eines Ausbilders von Stierkampfpferden stand zum Verkauf. Er mußte schwere Verletzungen erlitten haben. Seine zwar gut verheilten, aber gewaltigen Narben sprachen für sich.

Vigorosos Narben – offene Wunden in seiner Psyche

Ein herrliches und im Umgang völlig unproblematisches Pferd – bis zu dem Moment, wo ein Fuß zum Aufsteigen im Bügel war. Wer das, was darauf folgte, sah und mir einigermaßen gut gesonnen war, hatte großes Mitleid mit mir. Die anderen grinsten nur. Nach etlichen Wochen vergeblicher Bemühungen stellten sich in Sachen iberische Pferde wieder Schlafstörungen ein, aber der Anlaß war dieses Mal anderer Art.

Obgleich ich zunächst geglaubt hatte, Vigoroso relativ günstig erworben zu haben, bekam ich schließlich das Gefühl, der Preis sei viel zu hoch gewesen. All mein geglaubtes Wissen und Können hatten versagt. Im Moment dieser schlimmen Zweifel kam die Wandlung Vigorosos. Er hatte endlich auch beim Reiten Vertrauen und lernte wie ein Wunderknabe. Wohin ich auch kam, seine Ausstrahlung erzeugte beim Publikum Begeisterung.

Nun habe ich Vigoroso schon viele Jahre. Obgleich er nie auch nur den kleinsten Klaps von mir erhalten hat, scheut er auch heute noch vor meinem erhobenen Arm. Zeige ich in seiner Box auf ein Schwalbennest, dann flüchtet er in großer Furcht jäh in eine Ecke. So tief können psychische Wunden sein.

Vigoroso – eine unglaubliche Wandlung

Im Gelände kann er mit naturgegebener wunderschöner Aufrichtung langsamer galoppieren, als andere Pferde im Schritt gehen. Einmal gelernte Lektionen können allein durch entsprechende Körperhaltung sofort, und für den Außenstehenden unsichtbar, abgerufen werden. Wer gehobenes Freizeitreiten pflegt und in dieser Art auch gerne mal »dressurmäßiges« Reiten mag, der kann viel Freude mit einem iberischen Pferd haben.

Mit Vigoroso verbindet mich ein tiefes Verstehen. Er könnte den vom Heben

WELCHE PONYRASSEN?

Vigoroso, der Lusitanohengst von Claus Penquitt – vorher unreitbar, dann kam die Wandlung. Aufmerksam, unglaublich lerneifrig und bald auf nur gedachte Hilfen reagierend.

einer Augenbraue verursachten »Luftzug« als Hilfe verstehen und wie gewünscht reagieren. Dieses Pferd läßt sich durch nur »gedachte« Hilfen lenken.

Hier wurde ein Traum gelebte Wirklichkeit. Mit einem Lusitano kann man zaubern und ist verzaubert. Vigoroso war eine Herausforderung und wurde eine Erfüllung.

Frage: Eignen sich auch Ponyrassen für diese Reitweise und wenn ja, welche?

Claus Penquitt: Ein Fjordpferd wurde im Westernreiten Deutscher Meister in der Disziplin »Trail«. In einem anderen Fall war es ein Mischlingspony, das sich gegen die große Konkurrenz von Quar- terhorses und anderen als prädestiniert für den Westernreitsport erklärten Pferden behauptete und sogar den Titel des Europameisters im Trail errang.

Nun sollten Turniererfolge nicht unbedingt Maßstab für das Können der Pferde sein. Aber gerade der Trail ist eine für die Psyche des Pferdes enorm wichtige Disziplin. Es muß konzentriert auf feinste Hilfen achten und diese außergewöhnlich präzise umsetzen können. Hier zeigt sich im besonderen die Aufmerksamkeit und Geschicklichkeit eines Pferdes.

Ponys lieben konsequente Anleitungen

Es gibt auch Haflinger mit erstaunlichen Fähigkeiten. Obgleich sie häufig für unkompliziert gehalten werden, erweist sich dies oft genug als falsch. Was aber Konsequenz im Umgang bewirken kann, beweist ein piaffierender Haflinger, der dazu in einer Show auch noch die wohl schwierigste Lektion der »Schulen über der Erde«, die Kapriole, zeigt.

Auch habe ich einen Isländer erlebt, der, im Damensattel geritten, altklassische Lektionen korrekt vorführte. Aufzählungen dieser Art ließen sich noch weiter fortführen.

In meinen Kursen sind unter den teilnehmenden Pferden Ponys verschiedenster Rassen und Kreuzungen vertreten. In ihrem Lernverhalten sind sie oftmals völlig unterschiedlich. Das liegt offensichtlich am wenigsten an ihnen selbst. Ponys müssen strikter als andere Pferde absolut konsequent behandelt werden.

Jede noch so kleine Schwäche des Reiters wird rigoros von ihnen ausgenutzt. Warum auch nicht? Wer die Psyche seines Ponys genügend studiert, sie richtig einzuschätzen lernt, sich darauf abgestimmt im Umgang und speziell beim Reiten verhält, hat bald gewonnen.

> Fazit: Ponys sind handlich und strapazierfähig und auch für anspruchsvolles Freizeitreiten gut geeignet. Sie können weitaus mehr sein, als sie scheinen, wie sie es immer wieder durch die geschilderten besonderen Leistungen beweisen.

Frage: Warum soll ein Quadratpferd besser sein als ein Rechteckpferd?

Claus Penquitt: Beträgt die Länge eines Pferdes, gemessen von der Brust bis zur Schweifrübe, nicht wesentlich mehr als seine Widerristhöhe, so spricht man von

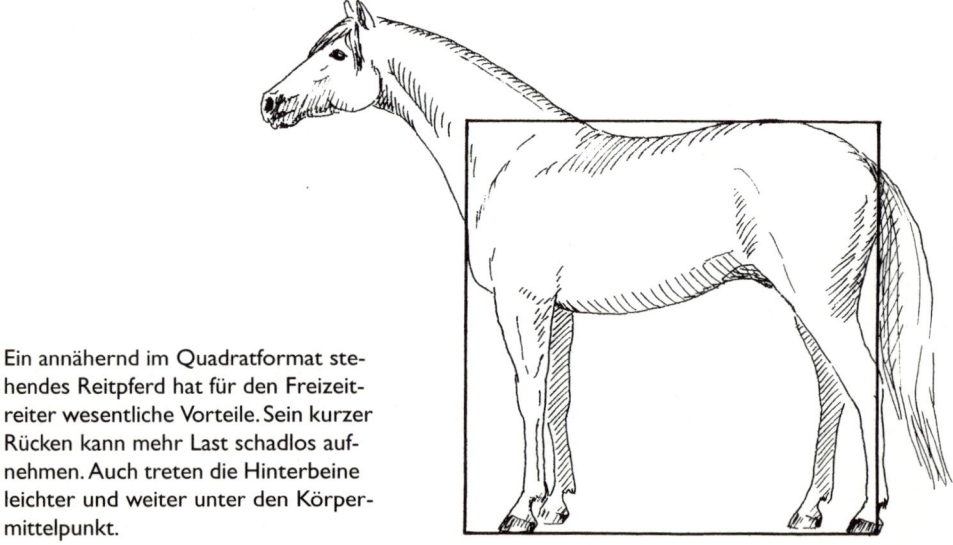

Ein annähernd im Quadratformat stehendes Reitpferd hat für den Freizeitreiter wesentliche Vorteile. Sein kurzer Rücken kann mehr Last schadlos aufnehmen. Auch treten die Hinterbeine leichter und weiter unter den Körpermittelpunkt.

einem Quadratformat. Ein solch annäherndes Quadratpferd hat als Reitpferd wesentliche Vorteile. Bedingt durch seinen kürzeren Rücken, ist dieser entsprechend stärker belastbar. Allein von der Statik her kann er das Reitergewicht besser verkraften.

Auch treten die Beine durch den kürzeren Körper erheblich leichter und mehr unter den Körpermittelpunkt. Das in der konventionellen Dressur-Reiterei geforderte besondere Gangvermögen ist bei einem Quadratpferd allerdings nicht so extrem ausgeprägt.

Wirklich lange Pferde gehören eigentlich vor den Wagen und nicht unter den Sattel. Zwar sind sie durch ihren langen Rücken recht weich zu sitzen, aber je länger der Rücken, desto empfindlicher ist er auch. Und mit dem Untertreten der Hinterbeine unter sein Gewicht hat solch ein Pferd auch Mühe. Unausbleiblich sind daher die Gefährdung des Rückens und die der natürlich stark belasteten Vorderbeine.

Die oftmals gewaltige Aktion solcher Pferde kann sich aber auch für den Reiter äußerst strapazierend auswirken. In der hier gelehrten Reitweise werden solch extreme Aktionen zumindest als nicht erforderlich angesehen.

Idealmaße bringen viel, aber nicht alles!

Alle Vorzüge eines Pferdes nützen jedoch wenig, wenn der Reiter sie nicht zu nutzen versteht. Es gibt doch Pferde, die in ihrem Körperbau allen Idealregeln widersprechen. Unter ihrem Besitzer aber, der sein Pferd zu reiten versteht, können sie ein glänzendes Bild bieten.

Wer mit viel Sachkenntnis und Einfühlungsvermögen gymnastizierende und die Psyche des Pferdes fördernde Übungen anwendet, kann sehr wohl anatomische Mängel ausgleichen und darüber hinaus sein Pferd zu erstaunlichen Leistungen bringen.

Somit ist es wie gesagt möglich, daß Reitpferde, die absolut nicht den allgemein anerkannten Vorstellungen entsprechen, durch die geschilderte Schulung wesentlich komfortabler werden als manches anatomisch ideal gezüchtete Pferd unter einem schwachen Reiter.

Frage: Ist für diese Reitweise ein von vorneherein gelasseneres Pferd besser geeignet als ein lebhafteres?

Claus Penquitt: Zunächst etwas zur Klärung: Gelassenheit hat nichts mit Trägheit gemein. Gleichso ist Lebhaftigkeit nicht mit Hektik zu verwechseln.

Von Natur aus ruhige Pferde sind also genauso gut geeignet wie lebhaftere. Beide Typen werden durch die hier gelehrte Reitweise zu der entsprechenden Gelassenheit gebracht. Für den Erfolg entscheidend ist nur, mit welchem Reitertyp das jeweilige Pferd gepaart und wie es dann geritten wird.

Sind Sie ein ausgeglichener und eher gelassener Typ, der sich kaum aus der Ruhe bringen läßt? Dann können Sie aus einem von Natur aus sehr lebhaften und allgemein für recht anstrengend gehaltenen Pferd durch entsprechenden Umgang und ein sehr vielseitiges Beschäftigungsprogramm Ihr Traumpferd formen. Mit Ihrer in jeder Situation Überlegenheit ausstrahlenden Ruhe ist dies für Sie eine reizvolle Aufgabe.

Das von Natur aus ruhige Pferd hingegen kann schon eher einen zum Quirlen neigenden Menschen verkraften. Im Gegenteil, es wird ständig zur Munterkeit animiert. Es wird flotter werden, aber gelassen auf Hektik reagieren. Die Vielseitigkeit des Beschäftigungsprogramms, gespickt mit häufigen Geschicklichkeitsaufgaben, sind Muntermacher für das zur Ruhe neigende Pferd.

Frage: Wenn ich mir ein Pferd kaufe, welche Grundausbildung sollte es möglichst schon haben?

Claus Penquitt: Nun, das hängt im wesentlichen vom Alter des Pferdes und vom eigenen Können ab. Wer ein Pferd nicht selbst einreiten kann oder möchte, der sollte auf keinen Fall die Katze im Sack kaufen. Das heißt, das Pferd sollte vor dem Kauf so weit angeritten sein, daß man sich selbst raufschwingen und ausprobieren kann. Übersteht man dies einigermaßen zufriedenstellend, können mögliche Überraschungen nach dem Kauf zumindest in dieser Richtung klein gehalten werden.

Selbst ausbilden? – Nur, wer es wirklich kann!

Natürlich wäre es am schönsten, das ungerittene Pferd erst durch eine sinnvolle Bodenschule auf das Einreiten vorzubereiten. Danach ist dies erstaunlich unproblematisch. Ein junges Pferd kann aber auch – vorausgesetzt, daß das Einreiten

Vorsicht bei noch nicht reitbaren Pferden! »...und hier habe ich den ultimativen Zukunftsstar! – Ein phantastischer Naturwechsler und Naturstopper mit Anlagen zur hohen Schule – ein Allroundtalent – das ideale Pferd für Sie!«

BODENSCHULE, JA ODER NEIN? | 25

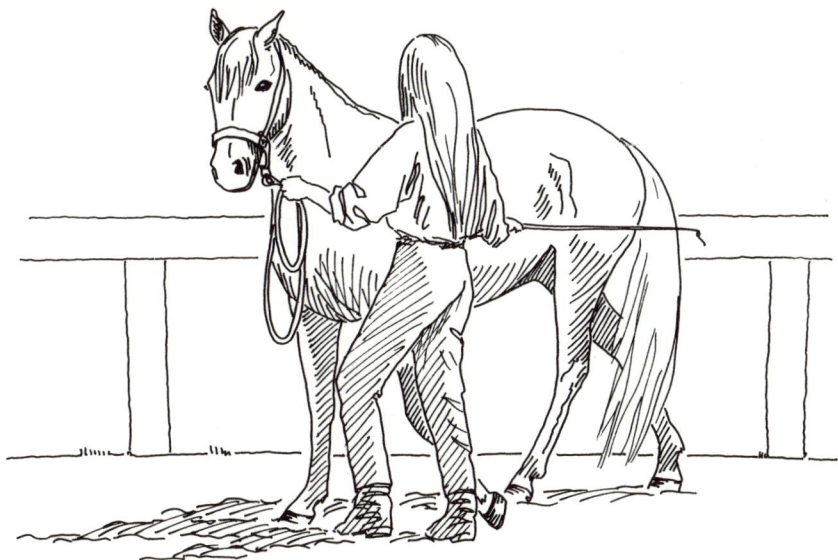

Lange Zeit vor dem Einreiten sollte das Pferd vom Boden aus geschult werden. So können ihm bereits die gymnastizierenden Seitengänge beigebracht werden, ohne daß es hierbei die Reiterlast tragen muß.

nicht mit der »Brechstange« erfolgte – recht schnell nach den hier gepflegten Ausbildungsmethoden umgestellt werden, ohne Schaden zu nehmen. Auch können Sie die fehlende Bodenschule im erforderlichen Maße nachholen.

Bei älteren Pferden dauert die Umstellung natürlich länger. Wer die von mir vertretene Reitweise beherrscht, kann – so wird berichtet – wahre Wunder mit seinem Pferd erleben. Die Pferde lernen nämlich sehr schnell, daß sich bei Befolgen der hier speziell gelehrten, deutlichen und unmißverständlichen Hilfen, diese dann in nur noch angedeutete Signale verwandeln. So werden Pferd und Reiter in gleicher Weise belohnt.

Frage: Welche Vorteile bietet die Bodenschule für diese Reitweise?

Claus Penquitt: Das Pferdemaul ist weit aufgesperrt. Offensichtlich eine Reaktion auf zu starken Zügelzug. Das Pferd hat seine Beine fest gegen den Boden gestemmt. Trotzdem wird weiter gezogen.

Eine leider häufig zu beobachtende Situation. Hier soll ein Pferd rückwärts gehen, weiß aber nicht, den extremen Zügelzug damit in Verbindung zu bringen.

Was fehlt, ist die vorbereitende Bodenschule. Diese sollte eigentlich lange vor dem Einreiten des jungen Pferdes begonnen werden. Wird die Schule vom Boden aus in einer sinnvollen, das heißt für das Pferd eindeutig begreifbaren Art und Weise durchgeführt, so wird die Einreitphase, bis auf die Gewöhnung an die Reiterlast, für Pferd und Reiter kein nennenswertes Problem darstellen.

Hierzu ein Beispiel: Meine Tochter Nathalie bekam aus Kanada ein zweieinhalbjähriges Morganhorse. Nach einem Jahr Bodenschule konnte das Pferd in allen Gangarten auf Stimme gehen und stoppen.

Es beherrschte die engen Wendungen um das innere Hinter- bzw. Vorderbein, also die Hinterhand- und Vorhandwendung sowie Schulterherein, Travers, Volltraversale, Rückwärtsgehen durch einen Stangengang in L-Form und viele weitere Geschicklichkeitsübungen.

Bodenschule macht das Einreiten leicht

Alles vom Boden aus, teils mit Halfter und Führstrick, teils mit Kappzaum oder Trense mit entsprechendem Zügeleinsatz und immer mit Gerte. Als Nathalie dann das erste Mal aufs Pferd stieg, glaubten Uneingeweihte, es würde bereits seit längerer Zeit geritten werden. Wenige Monate danach ritten wir (auch ich auf einem Morganhorse) auf der Equitana für Kanada. Eine, wie der Equitana-Chef sagte, glänzende Show.

Die Bodenschule ist aber auch für ältere Pferde ungemein nützlich. So können gelangweilte Pferde, die sich Unarten angewöhnt haben, motiviert werden, ihre Intelligenz für und nicht gegen uns einzusetzen. Auch zu verdorbenen Pferden, die »sauer« geworden sind und keine Lust mehr zur Zusammenarbeit mit dem Menschen haben, kann man durch die Bodenschule neuen Zugang finden. Wer mehr hierüber wissen möchte, sollte mal in das Buch »Nathalie Penquitt's Pferdeschule« (siehe Anhang) schauen.

Fragen zur Ausrüstung

Frage: Welche Sättel werden in der Freizeitreiter-Akademie empfohlen?

Claus Penquitt: Zunächst bestimmt die Reitweise die Art des Sattels. Nahezu gleich wichtig ist die eigene körperliche Konstitution und Kondition.

Der Westernsattel

Für den, der im Westernstil reiten möchte, bietet sich natürlich der Westernsattel an. Bei dieser Wahl bleiben kaum Wünsche offen. Seine große Auflagefläche auf dem Pferderücken schont diesen ungemein. Aber auch der Reiter kommt nicht zu kurz. Hat der Sitz eine Form, die der altklassischen Hohlsattelform ähnlich ist, so sitzen Sie bequem und sicher.

Darüber hinaus können Sie, entgegen konventioneller Meinungen, jede altklassische Lektion auch in diesem Sattel reiten. Zur sprichwörtlichen Sicherheit tragen Sitz, Swell (Vorderzwiesel), Cantle (Hinterzwiesel) und auch die großen breiten Bügel bei, in die Sie schnell rein und wenn erforderlich gleichso wieder raus können. Westernsättel sind, sofern es sich um Markenprodukte handelt, von hervorragender Qualität. Vor Billigangeboten muß aber eindringlich gewarnt werden.

Gutes Material hat sein Gewicht. Das dicke Leder und der bei guten Sätteln selbstverständliche Holzbaum bringen es

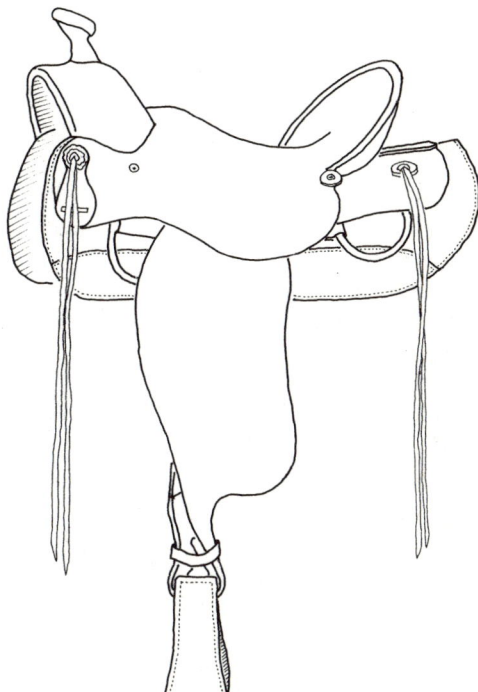

Ein echter Pferderückenschoner – der Westernsattel.

auf die Waage. Leider, für diejenigen, denen es kaum gelingt, diesen Sattel aufs Pferd zu schwingen. Aber auch ein schmales Becken oder ein Hüftleiden sind wegen der Breite des Sitzes Gründe, die ein »Out« für diesen Sattel bedeuten können. Für den, der sich nicht für den Westernsattel entscheiden kann, gibt es aber echte Alternativen. So zum Beispiel ein iberischer Sattel.

Der iberische »Portuguesa« Sattel

Einer der ältesten Dressursättel des Abendlandes, der Portuguesa, stammt ursprünglich aus Portugal. Jetzt in Spanien hergestellt und verbreitet, stellt er für viele eine echte Alternative zum Westernsattel dar. Mit dem Portuguesa wird ein Personenkreis angesprochen, der sich mit einem Westernsattel entweder nicht anfreunden möchte oder aus bereits genannten Gründen nicht kann.

Auch der Portuguesa hat, im Verhältnis zum konventionellen Sattel, eine große Auflagefläche. Eine kaum verzichtbare Eigenschaft, die besonders zum Schonen des Pferderückens bei längerem ausgessenen Reiten zum Tragen kommt. Viele Schülerinnen und Schüler der Freizeitreiter-Akademie sind begeisterte Anhänger dieses Sattels. Sein Sitzkomfort, so schwärmen sie, sei hervorragend. Auch säße man trotz der relativ großen Auflagefläche des Sattels dicht am Pferd.

Dies wirke sich sehr hilfenfreundlich aus, ermögliche aber auch dem, der Hüftschwierigkeiten habe, ein beschwerdefreies Reiten. Der Vorderzwiesel und die das Gesäß umschließende Rückenstütze bieten in Verbindung mit der Hohlsattelform einen ungemein sicheren Sitz.

Die Verarbeitung des Portuguesa ist luxuriös, aber solide. Dafür spricht auch sein Aufbau auf einem Holzbaum. Dennoch ist das Gewicht annehmbar. Alles in allem ein Sattel, in dem man sich bei jedem Reiten, ob Gelände, Reitplatz oder Halle, sicher und wohl fühlen kann.

Nur, was nutzt ein Sattel, der auf Pferde unserer Breitengrade allzuhäufig nicht paßt. Für iberische Pferde ist eine sehr schmale und hohe Kammer gerade rich-

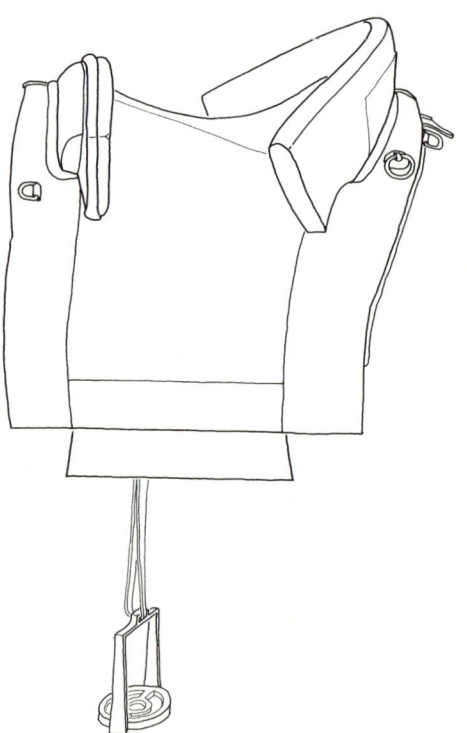

Bequem, sicher und pferderückenschonend wie ein Westernsattel, aber auch für feinstes Reiten geeignet – der iberische »Portuguesa«-Sattel.

tig. Daher habe ich die Kammer des Portuguesa, auf unsere Verhältnisse abgestimmt, in Spanien ändern lassen. So auch den Sitz, der jetzt für den Reiter noch bequemer gestaltet ist. Dieser in zwei Paßformen hergestellte Sattel ist unter dem Namen »Portuguesa-Penquitt« erhältlich.

Der australische Stocksattel

Seinen Namen hat er von den australischen Schaf- und Rinderhirten, den »Stockmen«, und seinen Ursprung aus den englischen Sätteln der ersten Siedler in Australien. Nur mußten diese den dortigen rauhen Verhältnissen angepaßt werden. Es entstand ein sicherer und robuster Arbeitssattel. Ständig verfeinert, wird er heute als ein vielseitiger Sattel für Freizeit, Dressur, Polo und dergleichen angeboten.

Obwohl vieles und Wesentliches anders ist, so kann auf den ersten Blick doch eine Ähnlichkeit mit konventionellen Sätteln erkannt werden. Dies erleichtert deshalb konventionellen Reitern das »Umsteigen«. Auch im Stocksattel sitzen Sie, wie gehabt, gleichfalls dicht am Pferd.

Die angenäherte altklassische Hohlsattelform des Stocksattels erleichtert das in der Freizeitreiter-Akademie vermittelte Reiten wesentlich. Auch bietet der tiefe Sitz mehr Sicherheit. Geht es im Gelände einmal bewegter zu, dann können die Pauschen vielleicht noch einen ungewollten Abgang ersparen.

Charakteristisch für den australischen Stocksattel sind seine ungewöhnlich langen (60 cm) und breiten Sattelblätter. Gleichso ungewöhnlich ist auch die Unterseite des Sattels. Extrem lange, rechts und links, parallel zur Wirbelsäule des

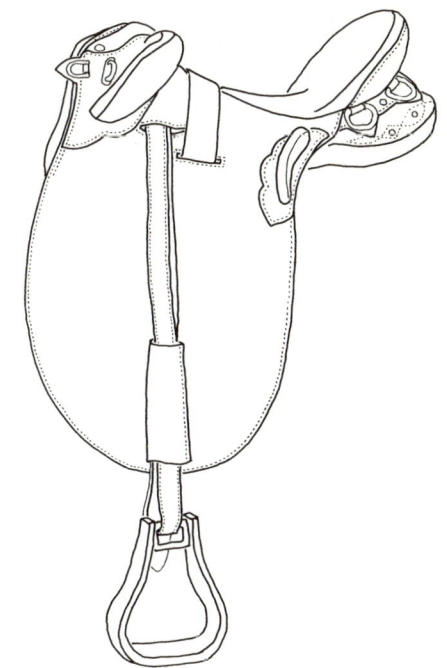

Charakteristisch für den australischen Stocksattel sind seine ungewöhnlich langen und breiten Sattelblätter.

Pferdes verlaufende Trachten verhelfen zu einer vergrößerten Auflagefläche auf dem Pferderücken. In einem ganz speziellen Stoffbezug befindet sich eine gleichfalls sehr spezielle Füllung. Beides soll unter anderem der besseren Wärme- und Feuchtigkeitsableitung dienen.

Allerdings drückt sich die hervorragende Material- und Verarbeitungsqualität auch im Preis aus. Aber Vorsicht vor Billigangeboten, zum Beispiel aus Indien. Und noch eins. Obgleich sich australische Stocksättel alle irgendwie ähneln, soll es über fünfzig verschiedene Modelle geben. Eine fachlich qualifizierte Kaufberatung, und diese möglichst an Ort und Stelle, ist somit unbedingt ratsam.

Frage: Kann ich auch meinen konventionellen Sattel benutzen?

Claus Penquitt: Nicht die Ausrüstung bestimmt die Qualität des Reitens, sondern vielmehr das reiterliche Können.

Dieser Grundsatz gilt im Prinzip auch für den Sattel. Die Art des Sattels sollte aber in erster Linie durch die Art der Reitweise bestimmt sein. Natürlich können Sie, um ein Beispiel zu nennen, auch mit einem konventionellen Vielseitigkeitssattel altkalifornisch reiten. Dies wäre zwar ein Stilbruch, aber man könnte mit ihm leben.

Die Reitweise sollte die Art des Sattels bestimmen

Dennoch ist zu prüfen, ob es auf Dauer nicht doch besser wäre, für diese Reitweise einen Sattel mit größerer Auflagefläche zu wählen. Denn, ob altkalifornisch, altklassisch, iberisch oder ähnlich, immer wird in diesen Reitweisen ausgesessen geritten. Beim Freizeitreiter kommt noch hinzu, daß er auch mal längere Aus- und Wanderritte im Programm hat.

Ist der Sattel für diese Reitweisen speziell beschaffen, so ermöglicht er ein für den Reiter ungemein bequemes Reiten. Für das Pferd bedeutet er optimale Schonung des Rückens, was sich natürlich auch auf die Gliedmaßen in gleicher Weise auswirkt.

Und noch ein Punkt sollte Berücksichtigung finden: Nicht jeder, der reitet, hat stets und ständig einen so geschmeidigen und gut trainierten Körper wie vielleicht ein Steppenreiter, der quasi auf dem Pferderücken groß geworden ist.

Dieser könnte sich auch bei längeren Strecken, und selbstverständlich ausgesessen, so weich und harmonisch den Bewegungen des Pferdes anpassen, daß eine sonst unweigerlich druckverstärkende Einwirkung auf den Pferderücken kein Thema wäre. Er könnte nahezu jeden Sattel benutzen.

Frage: Wie erkenne ich, ob ein Sattel auf mein Pferd paßt?

Claus Penquitt: Manche biegen Draht über Widerrist und Schulterblätter ihres Pferdes und basteln ein Gebilde, woraus, wie sie meinen, die erforderliche Höhe und Breite der Kammer eines Sattels erkennbar sein soll. Damit geht's zum Händler, der dann erklärt, daß dieser und jener Sattel passen würde. Andere suchen sich aus einem Katalog ihren Satteltraum, basteln aus Pappe eine Schablone und überlassen weiteres dem Händler.

Solche Versuche, einschließlich der mit einem Gipsabdruck, zeigen das ernsthafte Bemühen vieler, für ihr Pferd einen wirklich passenden Sattel zu finden, auch wenn das Pferd nicht zur Anprobe dabeisein kann.

Mit diesen Tips ist dem, der einen Sattel braucht, der auch passen soll, aber nicht sehr geholfen. Denn die geschilderte Schablonensache und andere ähnliche Versuche sind unbefriedigend. So bleibt vorerst nur übrig, weiterhin die Paßform eines Sattels in herkömmlicher Art und Weise festzustellen.

> Hierzu etwas zum Merken: Ein Sattel wird grundsätzlich ohne Sattelunterlage auf seine Paßform geprüft.
> Als Faustregel gilt: Die Kammerfreiheit, das heißt der Raum zwischen Widerrist und Sattel, sollte ohne Unterlage mindestens drei übereinander liegende Finger betragen. Dieser Freiraum ist unbedingt erforderlich, denn Pferde können sehr leicht einmal Gewicht oder Muskelmasse verlieren. In diesem Fall würde der Sattel auf dem Widerrist aufliegen und dort Druckstellen verursachen.

Eine zu enge Kammer ist leicht daran erkennbar, daß der Sattel über dem Widerrist »thront«. Bei einem Westernsattel, der ja weiter vorne, also über den Schulterblättern liegen muß, würden bei zu enger Kammer die Schultern nicht zum Tragen kommen. Der Sattel würde nur im oberen Bereich der Schultern punktuell aufliegen und dort drücken, weil eine größere Auflagefläche fehlt.

Die Proportionen des Pferdes bestimmen die Sattelgröße

Die Größe des zu wählenden Sattels hängt von der des Pferdes ab. Auch müssen die Breite, Länge und das Gewicht des Pferdes Berücksichtigung finden. Und noch etwas zur Beruhigung. Spezielle Hersteller von Sattelbäumen, die sich nur um das Herzstück des Sattels kümmern, haben als Zulieferer der Sattelbauer in vielen Jahrzehnten einen hohen Erfahrungsstand erworben.

Sie entwickelten Sattelbäume, die dem Pferderücken sehr zugute kommen. So sind zum Beispiel die Sattelbäume für Westernsättel unterschiedlichen Rücken- und Gebäudeformen von Pferden angepaßt. Wirklich seriöse Markensattel-Hersteller bauen auf diesen Bäumen hervorragende anatomisch geformte Sättel.

Können Sie Ihren Traumsattel nicht vor dem Kauf am Pferd anpassen, so sollten Sie grundsätzlich ein Rückgaberecht vereinbaren. Hat Ihr Pferd keine anatomisch abnormen Mängel, so finden Sie unter guten Markensätteln mit Sicherheit einen passenden auch für Ihr Pferd.

Frage: Sind gebißlose Zäumungen empfehlenswert?

Claus Penquitt: Mit ja oder nein läßt sich diese Frage nicht beantworten. Zum einen gibt es gebißlose Zäumungen, die keineswegs zu empfehlen, ja sogar unbedingt abzulehnen sind, wie bei Systemen, die auf Zügelzug das Pferdemaul zusammenpressen. Noch schlimmer sind Konstruktionen wie die »mechanische Hackamore«, durch die Verletzungen am und im Maul des Pferdes nicht ausgeschlossen werden können. Zum anderen ist der Anwendungsbereich einer gebißlosen Zäumung begrenzter, als viele glauben.

Gebißlose Zäumung – nicht zur Grundausbildung

Wer meint, er könne sein Pferd risikolos in dieser Art aus- und fortbilden, ja, stets und ständig so auch reiten, wird irgendwann in einer Sackgasse enden oder Schlimmeres erleben.

Gilt es doch als eine alte gesicherte Erkenntnis, daß ein Pferd aufgrund seines Körperbaues normalerweise nicht geeignet ist, die punktuelle und instabile Belastung durch das Gewicht eines Menschens, ohne Schaden zu nehmen, auf Dauer zu ertragen.

Um dem entgegenzuwirken, muß es in einem genügenden Umfang gymnastiziert werden. Mit einfachem »Geradeausreiten« am hingegebenen Zügel ist es aber nicht getan. Auf Dauer bekommt dies weder dem Rücken noch den Vorderbeinen des Pferdes. Es fehlen die ganzheitlich wirkenden gymnastizierenden Lektionen, die letztlich auch das bewirken, was unter Versammlung zu verstehen ist. Über deren Sinn und Nutzen wird an anderer Stelle zu berichten sein (siehe S. 89).

Daß man mit einer gebißlosen Zäumung eine vernünftige Grundausbildung des Pferdes erreichen könnte, ist kaum wahrscheinlich. Auch die Fortbildung in den zur Gymnastizierung des Pferdes unerläßlichen Lektionen ist keinesfalls auf Dauer befriedigend möglich. Wer also glaubt, mit solch einer Zäumung in humaner Art und Weise seinem Pferd auf Dauer etwas Gutes antun zu wollen, der erweist ihm in den meisten Fällen einen Bärendienst.

Kappzaum und Bosal – etwas für Fachkundige

Wer über viel Pferdeverstand und entsprechende Sachkunde verfügt, in dessen Händen kann ein **Kappzaum** für das

Das Vosal ist in seiner Handhabung einfach und kann dem Pferd keinen Schaden zufügen.

Longieren und zum Einreiten eines Pferdes das ideale Instrument sein.

Wenn zwischendurch, aus welchen Gründen auch immer, gebißlos geritten werden soll, dann ist auch das **Vosal** zu akzeptieren. Mit dieser einfachen Konstruktion kann dem Pferd im Gegensatz zur mechanischen Hackamore kein Schaden zugefügt werden.

Bei der **mechanischen Hackamore** bewirkt der Zügelzug über einen Hebelmechanismus ein Einklemmen des Pferdemauls zwischen Nasenteil und Kinnverschnallung. Dies kann für ein Pferd, das nicht auf Stimme in jeder Situation anzuhalten vermag, recht schmerzhaft werden. Bei seitlichem Zug an den Hebeln kann es durch die Metallteile der Konstruktion sogar im Maul zu Quetschungen des Zahnfleisches kommen.

Hingegen ist die **original Hackamore**, also das **Bosal**, in den Händen eines

WELCHE GEBISSE?

Nur für Könner geeignet, die original Hackamore, das Bosal.

Könners und mit einem entsprechend hierzu talentierten Pferd ein Leckerbissen. Die original Hackamore wurde in Kalifornien, angeregt durch die nach dort gebrachte spanische Reitweise, entwickelt. Nach der Grundausbildung und vor dem Wechsel zur Kandare wäre es richtig, diese Zäumung, natürlich nur vorübergehend, einzusetzen. Das Pferd läßt sich zu diesem Zeitpunkt mittels Snaffle Bit vollauf genügend seitlich biegen. Jetzt kann es von einem wirklichen Könner eine Zeitlang für eine Sensibilisierung in feinster Art und Weise, mit der original Hakkamore gezäumt, fortgebildet und so auf die Kandare vorbereitet werden.

Allerdings kostet so ein aus feinen Rohlederstreifen geflochtener Traum und die dazugehörige »Mecate« – ein ca. sieben Meter langer Strick aus Pferdehaar als Zügel und Führstrick geknotet – leider einiges.

Vor Anschaffung einer solchen Zäumung sollten Sie sich in jeder Beziehung eingehend sachkundig machen. Das ist für die Wahl einer der vielen Ausführungen des Bosals unbedingt erforderlich.

Ob allerdings das Pferd für diese Zäumung überhaupt geeignet ist, werden Sie erst einige Zeit später merken. Ferner gehört auch Talent dazu, das Bosal in einer besonderen Prozedur zu formen. Es muß nämlich individuell dem Pferdekopf angepaßt werden. Schließlich ist ein Reiten erforderlich, das auf diese Zäumung besonders abgestimmt sein muß.

Frage: Welche Gebisse empfehlen Sie für Ihre Reitweise?

Claus Penquitt: Die Aus- und Fortbildung eines Pferdes wird von mir in drei Phasen eingeteilt. Für jede dieser Ausbildungsabschnitte steht ein entsprechendes Gebiß zur Verfügung, welches sich hierzu

---

Vorsicht aber vor Billigangeboten. Sie können erheblichen Schaden anrichten und machen womöglich die Feinheit der Hilfegebung zunichte. Auf keinen Fall darf ein **Bosal** in seinem Innenleben eine Drahtseele aufweisen. Wird Ihnen zugesichert, daß hier ausschließlich Leder verwendet wurde, so müssen Sie großes Vertrauen zum Verkäufer haben können. Denn nur wer wirklich fachlich qualifiziert ist, kann dies beurteilen.

aus langzeitiger Erfahrung als besonders geeignet erwiesen hat. Jedes dieser Gebisse werde ich nachstehend ausführlich beschreiben.

> Für die Wahl eines bestimmten Gebisses ist grundsätzlich nicht das Alter eines Pferdes entscheidend, sondern sein jeweiliger Ausbildungsstand.

Das Snaffle Bit

Das Geben des Kopfes in die Bewegungsrichtung steht am Anfang der Ausbildung. Leichtes Zupfen am Zügel gibt dem Pferd das hierzu erforderliche Signal. Besser, weicher und dennoch deutlicher als mit einem Snaffle Bit, dieser hunderttausendfach bewährten kalifornischen Wassertrense, ist es wohl kaum möglich.

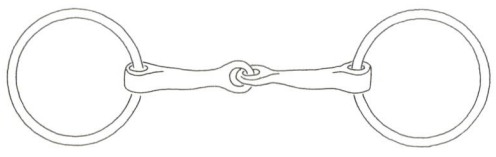

Anders als bei der Wassertrense genügt beim kalifornischen Snaffle Bit ein leichtes Zupfen am Zügel als Signal.

Die Kalifornier entwickelten dieses Gebiß aus rostendem, also unlegiertem Stahl. Sie hatten beobachtet, daß besagtes Material Pferden schmeckt und zum Speicheln animiert. Also nannten sie es »Sweet Iron«, süßes Eisen. Es ist bewußt dünn gehalten. Denn zweidrittel dünner als eine herkömmliche dicke Wassertrense braucht es auch zweidrittel weniger Zügelaufwand, um gleiches beim Pferd zu bewirken.

Hierdurch wird von Anfang an Gefühl statt Kraft verlangt. Und durch bewußt weit gehaltene Ösen für Gelenk und Ringe ist es extrem locker in seinen Befestigungspunkten. So liegt es dem Pferd spielerisch leicht im Maul.

Irgendwann reagiert es dann auf leichtestes Klingeln am Zügel. Das heißt, es nimmt zum Beispiel in Zirkeln und Vol-

Oben: Im kleinen Trail-Parcours zeigt ein Fjordpferd seine Geschicklichkeit. So manches Pferd dieser Rasse hat sich auf Westernturnieren im Trail gut plazieren können.
Unten: Das Anreiten eines Pferdes wird kaum Schwierigkeiten machen, wenn es vorweg eine sinnvolle Schulung vom Boden aus durchlaufen hat. Hier lehrt Nathalie Penquitt ihre Morgan-Stute Canadian Amber, wie sie über eine Bodenstange in der Volltraversale zu gehen hat.

Seite 36:
Oben links: Der australische Stocksattel bietet für Pferd und Reiter viel Komfort. Aus dem englischen Sattel entwickelt, erleichtert er konventionellen Reitern das »Umsteigen«.
Oben rechts: Ein Westernsattel schont durch seine große Auflagefläche erheblich den Rücken des Pferdes und bietet dem Reiter viel Sicherheit (Modell »Claus Penquitt by Circle Y«).
Unten: Immer mehr Beliebtheit erfahren iberische Sättel. Der Portuguesa verrät noch deutlich seine Herkunft aus dem Ur-Schulsattel (15. Jahrhundert). Beim Modell »Portuguesa Penquitt« wurde seine Paßform für Pferd und Reiter von Claus Penquitt auf hiesige Verhältnisse abgestimmt.

ten sofort und willig den Kopf in die gewünschte Richtung.

Nun ist die Zeit für eine völlig andere Gebißart gekommen, die Kandare.

Das Halfbreed – eine Kandare aus Amerika

Während das Snaffle Bit die seitliche Biegung des Pferdes fördert, sorgt das Halfbreed für die Stellung des Kopfes zur Senkrechten hin.

Das Halfbreed funktioniert etwa wie eine konventionelle Kandare, jedoch ohne Unterlegtrense. Statt dieser sind in Höhe des Mundstücks Ösen für ein zweites Zügelpaar vorgesehen. Es kann für den, der es möchte, die zusätzliche Trense ersetzen. Eine solche Zügelführung ist aber nur für häufig heftig reagierende Pferde sinnvoll.

Ohne Kinnkette ist natürlich auch diese Kandare wirkungslos. Dem Pferd zu-

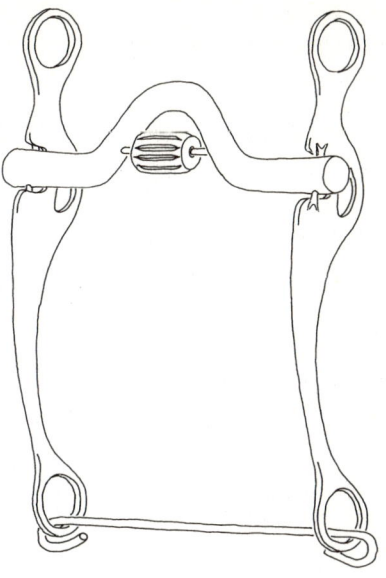

Das Halfbreed – das ganz Besondere an dieser amerikanischen Kandare sind vor allem die beweglichen Shanks.

Seite 37:
Oben: Ohne guten Sitz kein gutes Reiten. Und nur im ausgesessenen Sitz ist eine Gymnastizierung des Pferdes in den Seitengängen überhaupt möglich. Bei Nathalie Penquitt und ihrem Morganhorse Canadian Amber im Schulterherein stimmt, wie man sieht, alles.
Unten: Ein weicher, den Schwingungen des Pferdes durch dynamisches Abkippen des Beckens angepaßter Sitz, das mögen Pferde. So auch Claus Penquitts Lusitanohengst Vigoroso. Beide genießen im extrem ruhigen Galopp die letzten Sonnenstrahlen.

Seite 38:
Oben: Die äußere Zügelhand etwas tiefer gehalten, so kann jederzeit die Größe einer Volte nach außen begrenzt werden. Hingegen sollte der innere Zügel direkt über dem Widerrist plaziert sein. So kann Watani schön nach innen gebogen werden, ohne dabei nach innen gezogen zu werden.
Unten links: Mit diesen Zügelhilfen lernt das Pferd den Renvers, der hier von Vigoroso vorbildlich gezeigt wird: Der innere Zügel, leicht verkürzt und etwas tiefer mit entsprechendem Druck der Hand am Widerrist gehalten, bestimmt den Abstellungswinkel der Vorhand des Pferdes vom Hufschlag. Hingegen darf der äußere Zügel, der über dem Widerrist gehalten wird, hierzu nicht eingesetzt werden.
Unten rechts: Nichts ist schöner, als mit einem gut ausgebildeten Pferd einhändig und mit leicht durchhängendem Zügel durch die Gegend zu streifen. Den Genuß kann man Watani und Claus Penquitt deutlich ansehen.

liebe sollte eine möglichst flache und breite Kette gewählt werden.

Die Konstruktion des Halfbreeds hat Besonderheiten, die es zu einer unvergleichbaren Zäumung machen. Insbesondere sind es die in Scharnieren am Mundstück befestigten und somit beweglichen Shanks. Hierdurch ist es möglich, dem Pferd durch leichtes Zupfen einseitige Signale zu geben, wodurch vorerst nur der entsprechende Shank bewegt wird.

Erst wenn das Pferd hierauf nicht reagiert, würde bei stärkerem Zug das Mundstück ansprechen, was dem Pferd aber nicht besonders angenehm ist. So wird es bald unverzüglich auf die sanfte »Vorwarnung« durch den jeweiligen Shank reagieren.

Aber auch das Mundstück ist gut durchdacht. Die hohe Zungenfreiheit wurde durch eine Kupferrolle erheblich verkleinert. So trägt die Zunge einen Teil des auftretenden Druckes mit und entlastet die Laden des Unterkiefers entsprechend. Das Kupfer der Rolle löst im Pferdemaul in Verbindung mit Speichel eine chemische Reaktion aus und verstärkt so den Speichelfluß. Schließlich kann ein leicht zur Nervosität neigendes Pferd mit der Rolle spielen und sich so abreagieren.

Noch eine Bemerkung zur Länge der Shanks. Auch hier gilt der physikalische Lehrsatz: Je länger ein Hebel, desto länger auch sein Weg. Das heißt, daß der lange Weg, ehe die Kandare anspricht, eine etwas unsichere Reiterhand oder unruhige Kopfbewegungen des Pferdes zu einem Großteil ausgleichen kann. Man bezeichnet sie daher auch als **langsame** Kandare.

Reagiert das Pferd nun sehr sensibel auf geringste Zügelhilfen, dann sollte

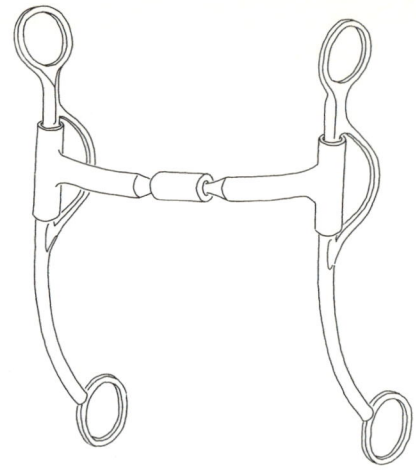

Eine ungewöhnliche Kandare, aber für allerfeinste Hilfen verwendbar, das Billy Allen-Bit.

daran gedacht werden, ob nicht eine noch feiner wirkende Zäumung angebracht sei. – Und diese gibt es auch.

Die ganz besondere Kandare – das Billy Allen-Bit

Greg Darnall, ein Gebißhersteller in den USA, ließ sich zusammen mit Billy Allen, einem berühmten Westernreiter, etwas ganz Besonderes einfallen – ein kandarenähnliches Gebilde vom Allerfeinsten, an dem alles beweglich ist. Das Mundstück ist dreigeteilt, aber so konstruiert, daß es dennoch nicht, wie etwa ein Snaffle Bit oder ein doppelt gebrochenes Mundstück, zusammenklappen kann. Die sogenannte Nußknackerwirkung kann somit nicht auftreten.

Die extrem beweglichen Shanks laufen in Hülsen, die jeweils an den Mundstückenden befestigt sind. So können sich die Shanks nach rechts und links bewegen, aber auch einzeln nach vorn und hinten. Mit dieser Zäumung sind nur noch sehr zarte Hilfen möglich.

Hierzu gehört natürlich auch ein ebenso sensibles Pferdemaul. Alles in allem eine Zäumung, die bei den Anhängern der hier vermittelten Reitweise große Begeisterung erfährt. Gleiches gilt aber auch für die zum entsprechenden Ausbildungsstand beschriebenen Gebisse.

Der Verzicht auf die vermeintlich »gewalttätigen« Sporen führt häufig zu ständig klopfenden Schenkeln. Irgendwann reagiert das Pferd gar nicht mehr auf die Schenkel – und solche Bilder sind dann das Ergebnis.

Frage: Braucht ein Freizeitreiter Sporen?

Claus Penquitt: Eigentlich eine recht unverständliche Frage, schließlich sind Freizeitreiter doch auch Reiter. Wer aber völlig undifferenziert behauptet, Sporen seien lediglich zum Pferdequälen da, der zeigt wenig Sach- und Fachkenntnis.

Diese Pseudohumanisten schaden mit ihren Äußerungen höchstens dem wirklichen Tierschutzgedanken. Sie sollten Nachstehendes besonders aufmerksam in ihre Überlegungen einbeziehen.

Nichts ist schlimmer als stumpfes Herumgeklopfe mit Schenkeln und Absätzen. Eigentlich gedacht als hinweisende oder treibende Hilfen, verhelfen sie ledig-

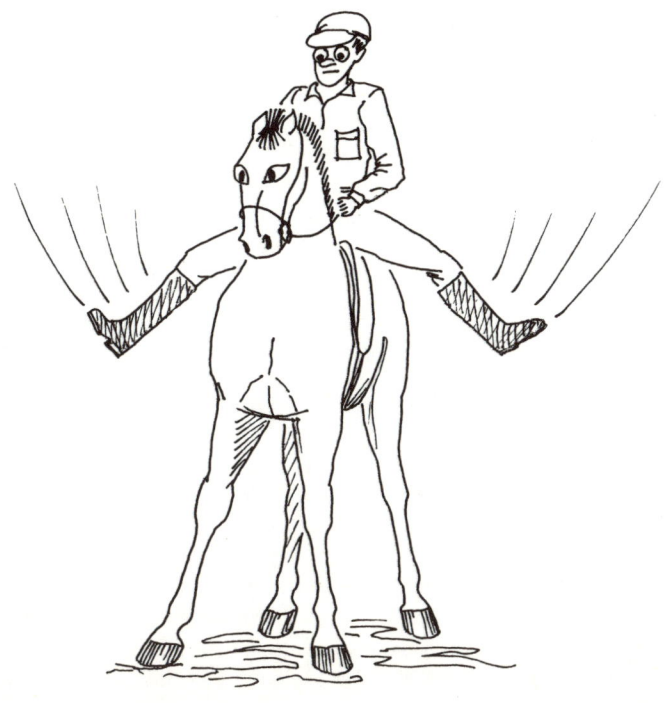

Für eine feine Schenkelhilfe sind Sporen nahezu unerläßlich. Natürlich dürfen sie nur stumpf sein und müssen am Pferdeleib abrollen. Ein leichtes Kitzeln genügt dann, um den gewünschten Effekt auszulösen.

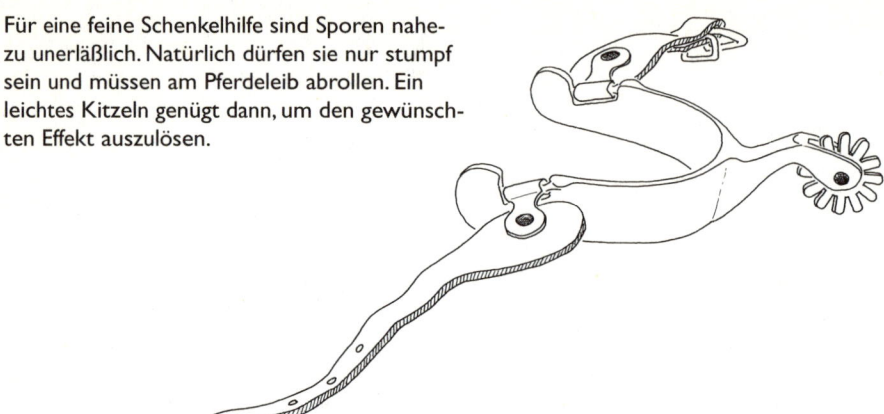

lich zu einem ständig schenkelstumpfer werdenden Pferd. Häufig ist dann irgendwann trotz aller guten Vorsätze die Geduld am Ende. Jetzt wird die Gerte mißbraucht. Andere unerfreuliche Aktivitäten werden hinzukommen. So gehen dann, wenn auch ungewollt, Harmonie und Partnerschaft in eine steile Talfahrt.

Andere hingegen lassen es zwar nicht soweit kommen, verfallen aber statt dessen in Lethargie und geben schließlich auf. Die zur Förderung und Erhaltung der Gesundheit und Psyche des Pferdes unerläßlichen Lektionen und Übungen sind dann nicht mehr möglich.

Für den, der mit Sporen reitet, wird diese sehr ernst zu nehmende Problematik gar nicht erst existent. Die überwiegende Mehrheit aller Pferde braucht anfangs deutliche Hilfen. So auch die Schenkelhilfen, die später zu nur noch angedeuteten, kaum merklichen Signalen reduziert werden können.

Es braucht wohl nicht ausdrücklich betont zu werden, daß Sporen mit genauso viel Verstand eingesetzt werden müssen wie jede andere Hilfe. Dem Verdacht, hier könnte Mißbrauch getrieben werden, läßt sich begegnen. Wer nämlich zur Unbeherrschtheit und dadurch zu Grobheiten neigt, würde auch ohne Sporen Mittel finden, Mißbrauch zu treiben.

So sind Sporen pferdefreundlich

In meinen Kursen ist es für die Teilnehmer kaum möglich, ohne Sporen auszukommen. Letztere müssen allerdings bestimmten Kriterien entsprechen. So dürfen nur Sporen mit Rädchen, die bei jeder Art von Schenkeldruck sofort am Pferdeleib abrollen, verwendet werden. Selbstverständlich sind hier die »Zacken« an den Rädchen stumpf, also abgerundet. So rollen sie, ohne dem Pferd Schaden zuzufügen, auch bei unsachgemäßem Einsatz am Körper ab. Erhältlich sind solche Sporen in der Westernreitartikel-Branche.

Und noch eins: Wer zu häufig oder zuviel sporniert, bekommt postwendend seine Quittung. Pferde sind an den für den Sporeneinsatz bestimmten Stellen punktuell nämlich äußerst kitzelig. Und das Spornrad kitzelt. Die Reaktion des Pferdes wird das umgehend bekanntgeben.

GERTE, JA ODER NEIN?

> Alles in allem: Eine feinere, sensiblere und damit humanere, aber dennoch äußerst wirksame Schenkelhilfe ist für mich kaum denkbar.

Gleichfalls interessant ist festzustellen, daß bei Pferden, deren Reiter ständig mit angeschnallten Sporen reiten, kaum noch ein Einsatz dieser erforderlich wird. Irgendwann ist sogar der Druck des Unterschenkels schon zuviel Hilfegebung. Dann genügt eine leichte Gewichtsverlagerung oder der berühmte Bügeltritt.

Nur noch dann und wann wird zur Auffrischung der Sensibilität des Pferdes der Sporenkitzel gefragt sein.

Eine Gerte ist zum leichten Touchieren gedacht. Bei richtigem Einsatz kann sie zum Zauberstab werden.

Frage: Braucht der humane Reiter eine Gerte und wenn ja, wie sollte sie beschaffen sein?

Claus Penquitt: Die Gerte ist nicht zum Prügeln, sondern zum Touchieren, das heißt zum leichten Berühren, des Pferdes gedacht. Eine Ächtung der Gerte kann nur aus falschen Vorstellungen über ihren Gebrauch entspringen. Eine Gerte kann nämlich bei richtigem Einsatz zum Zauberstab werden.

Zauberstab zum Beispiel bei einem Pferd, das partout nicht begreift, daß zum Travers oder zur Traversale die Kruppe in genügendem Maße herein genommen werden muß. Hier die Gerte an der Innenseite des Pferdes, das heißt an der Flanke, leicht touchierend eingesetzt, kann Wunder vollbringen.

So wie sich das Pferd durch eine kleine Fliege äußerst gestört fühlen kann, so

wirkt auch das leichte Touchieren auf das Pferd. Was intensiver Einsatz von Schenkel und Gewichtsverlagerung nicht vermochten, bewirkt ein sanftes vibrierendes Berühren mit der Gertenspitze an der Flanke des Pferdes – so unglaublich einfach kann manchmal Reiten sein.

> Fazit: Zum Verprügeln auf keinen Fall, zur Bestrafung wohl kaum, zum Muntermachen schon eher, als feinstes Hilfsmittel auf jeden Fall: die Gerte.

Noch etwas zum Stichwort »Muntermachen«. Bei Pferden, die dazu neigen, sich allmählich in den Schlaf zu verabschieden, wirkt ein zur rechten Zeit kommender aufmunternder Klaps sehr erfrischend. Auch werden Sie feststellen können, daß, obwohl Sie sehr sparsam im Gebrauch der Gerte sind, allein schon ihr Mitführen das Pferd auffallend munterer werden läßt.

Eine Gerte sollte etwa 110 bis 130 cm lang sein. Zu kurze Gerten erschweren das Touchieren dort, wo es erforderlich wäre. Dies führt sonst zu Verrenkungen, die den korrekten Sitz und damit das Pferd stören. Auch sollte die Gerte relativ leicht, nicht zu dick und recht biegsam sein.

Und was für die Sporen gilt, trifft auch für die Gerte zu: Nur wer die Klaviatur feinster Hilfen noch nicht beherrscht oder noch nie ein Pferd geritten hat, das hierauf reagiert, kann sich nicht vorstellen oder ermessen, wie unerläßlich diese sein können. Jeder Reiter sollte, bevor er Gerte oder Sporen grundsätzlich verdammt, hierüber einmal nachdenken.

Frage: Warum sind Hilfszügel jeder Art in der Freizeitreiter-Akademie nicht erlaubt?

Claus Penquitt:

> Vorweg die Überlegung eines alten Reitmeisters, frei übersetzt:
> Wer zuviel auf Biegung des Halses und Stellung des Kopfes gibt, statt das Beugen der Hinterbeine zu seiner Hauptsache zu machen, dem wird nie das Ziel der Ausbildung gelingen: Mit leichtesten Hilfen Harmonie zu erreichen.

Warum sind Hilfszügel jeder Art bei der hier gelehrten Reitweise nicht erlaubt, obgleich doch bei unendlich vielen Reitern, Lehrern und Trainern, sowohl der konventionellen als auch der Western-Reitweise, solch ein Verbot nur Kopfschütteln auslösen würde?

Sind doch Hilfszügel seit langem nicht nur erlaubt, sondern eine Selbstverständlichkeit. Wer sie vor allem bei jungen Pferden nicht von selbst benutzt, dem werden sie oft genug vom Ausbilder verordnet.

Wird aufgezählt, was ein Reiter an Standardausrüstung braucht, so fehlt heutzutage auf keinen Fall zumindest das Martingal. Manche Stimmen schränken zwar ein, indem sie Hilfszügel nur in der Hand eines erfahrenen Ausbilders sehen wollen.

Diese würden sich dann allerdings auch ein Armutszeugnis ihres Könnens ausstellen. Denn wer ohne diese Hilfsmittel nicht auskommen kann, vertuscht lediglich Ausbildungsmängel und daraus

HILFSZÜGEL, WIESO NICHT? | 45

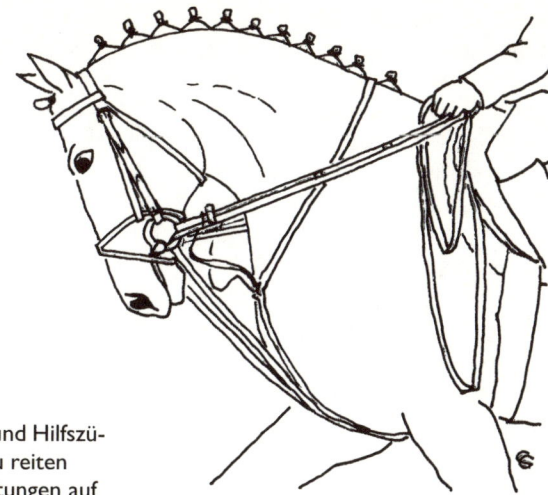

Ein Sortiment von Verschnallungen und Hilfszügeln, das in der hier gelehrten Art zu reiten nichts zu suchen hat (nach Beobachtungen auf einem Turnier-Abreiteplatz gezeichnet).

resultierende Unarten der Pferde und dies dann oftmals auch noch mit erheblicher Flaschenzuggewalt.

> Hilfszügel? Nein danke!
> Der wirklich verständige Pferdeausbilder weiß, daß er ohne diese »Zwangsmittel«, allein mit geduldiger, systematischer Arbeit, das gesetzte Ziel gleichermaßen erreicht.

Kein Hilfszügel hilft Ursachen zu beseitigen

Zeigen Pferde Unarten und wehren sich gegen Zügelhilfen, so hat dies Ursachen. Diese können in falschen Ausbildungspraktiken oder körperlichen Unzulänglichkeiten zu finden sein. Die eigentliche Aufgabe wäre es, sie zu erkennen, um dann sorgfältig zu überlegen und entsprechend zu handeln. Mit mehr oder weniger knebelnden Hilfsmitteln ist es aber auf keinen Fall getan.

Wer mit solchem unerwünschten »Zubehör« zum Kurs in der Freizeitreiter-Akademie erscheint, muß sein Pferd abrüsten. Spätestens nach drei Tagen macht sich (noch) ungläubiges Staunen breit. Es geht, so zeichnet es sich ab, offensichtlich auch ohne. Später will man sich kaum erinnern, jemals anders geritten zu sein.

Hierzu aber will ich die Reitmeister früherer Zeiten zu Rate ziehen. Sie bildeten Pferde aus und unterrichteten Menschen, die wie wir heutzutage das Reiten als Hobby, eben zum Vergnügen pflegten. Und was die Menschen seinerzeit wollten, das will man heute gleichermaßen:

Ein gehorsames, also zuverlässiges, aber schwungvoll mit Pep und Eleganz, fleißig, aber angemessen vorwärts strebendes und dabei angenehm zu sitzendes Pferd. Und manchmal noch mehr.

Nicht gerade wenig, was da erwünscht wird. Aber dies wird sich kaum mit den in Frage stehenden Zwangsmitteln erreichen lassen. Ich habe da keine Zweifel und will dies mit den Erfahrungen einiger alter Reitmeister in einer sinngemäßen Zusammenfassung ihrer Meinungen begründen. Sie hatten eine feine Beobachtungsgabe, indem sie feststellten:

- Hilfszügel können so leicht den Anschein eines Fortschrittes geben und sind deshalb bei Leuten, denen es nicht um das Sein, sondern um den Schein geht, so beliebt.

Das könnte als eine sehr zutreffende Erkenntnis auch heute gesagt worden sein. Und weiter:

- Verspannungen durch diverse Verschnallungen zu beseitigen, bedeutet Gewalt anzuwenden. Dadurch wird mehr verschlimmert als beseitigt.
- Wer festbindet, verschnallt und mit Hilfszügeln arbeitet, die wie Flaschenzüge wirken, macht das Maul tot.
- François Robichon de la Guérinière meint, daß Hilfszügel etwas für Hilfsschüler seien.
- Hilfszügel geben dem **Pferd** keine Chance, etwas richtig zu machen, und dem **Reiter** keine, ihm dies zu bestätigen. Durch unsinnige Umwege wird das Nachgeben der Zügel als entsprechende Belohnung immer zu spät kommen.
- Die Ausbildung eines Pferdes braucht Zeit und Geduld, aber unter gar keinen Umständen Hilfszügel.

Wirklich echte überzeugende Argumente für diese Zwangsmittel, die auch den Pferden gerecht werden, gab es bis auf kaum nennenswerte Ausnahmen damals nicht und auch heute nicht.

Wer mit Pferden denkt und ihre Ausbildung danach lenkt, hat im allgemeinen keine Probleme. Sind aber trotzdem, aus welchen Gründen auch immer, welche zu lösen, so wird dies unter keinen Umständen über die genannten Hilfsmittel erfolgen können – und nur dieser Weg zeigt die Richtung.

Etwas zum Abschluß zum Thema Ausrüstung:

Eine zweckmäßige Ausrüstung, ob Zäumung oder Sattelzeug, ist für das Reiten ein unabdingbares Erfordernis. Was dabei herauskommt, entscheidet aber ausschließlich der Reiter durch sein Können.

Fragen zum Sitz

Frage: Unterscheidet sich der in der Freizeitreiter-Akademie gelehrte Sitz vom konventionellen Sitz, und was heißt Kreuzanspannen?

Claus Penquitt: Theoretisch gesehen liegen die Ansichten gar nicht so weit auseinander. Nur wird in der konventionellen Praxis der Sitz des Reiters recht unterschiedlich interpretiert angewandt. Hierdurch ergeben sich allerdings krasse Unterschiede zu dem in der Freizeitreiter-Akademie gelehrten Sitz.

In der konventionellen Reitlehre bestimmt vor allem der Begriff des Kreuzanspannens den Sitz. Andererseits werden immer wieder Stimmen laut, die durchsetzen wollen, daß dieser Begriff endlich verschwinden solle.

Wer unter »Kreuzanspannen« ein verstärktes Hohlkreuz versteht, verlagert sein Körpergewicht vermehrt zur Vorhand hin.

Das nach hinten abgekippte Becken verlagert das Reitergewicht überwiegend hinter den Schwerpunkt des Pferdes.

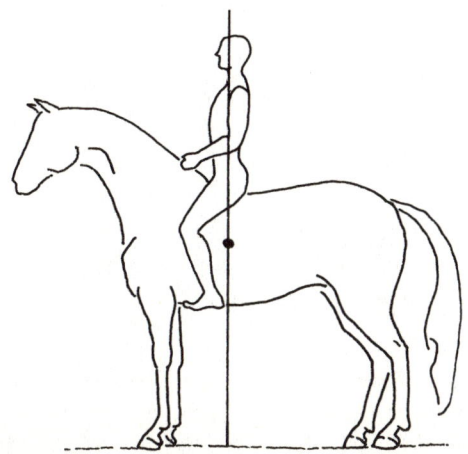

Zu viele Fehlinterpretationen über das Kreuzanspannen gäbe es, die immer wieder Verwirrung stiften würden. Wie recht sie haben! Nur scheint vorläufig alles beim alten zu bleiben. Und so werden noch viele vom Pferd steigen und stöhnend bemerken, daß es schon ein Kreuz sei, dieses Kreuzanspannen.

Folgt man hingegen den Autoren Dres. Heinrich und Volker Schusdziarra (»Das Gymnasium des Reiters« u. »Reitergespräche«), so sieht der dort geforderte Sitz anders aus. Hier wird dem verschwommenen und irreführenden Begriff des Kreuzanspannens eine klare und anatomisch fundierte Definition gegeben, die sich mit den in der Freizeitreiter-Akademie vertretenen Überlegungen deckt. Danach ist das sogenannte Kreuzanspannen unverzichtbar mit einer Kippbewegung des Beckenringes verbunden (siehe auch S. 49–51).

Der Sitz ist die Grundvoraussetzung für das Reiten. Anspannungen, die zu Verspannungen bei Pferd und Reiter führen, darf es nicht geben. Dafür hat der Sitz zu viele Funktionen zu erfüllen, denn er hat maßgeblich dazu beizutragen, daß
- der Pferderücken geschont wird,
- die Hinterbeine zum vermehrten Untertreten zur Entlastung der Vorderbeine veranlaßt werden,
- das Gleichgewicht, die Balance des Pferdes hergestellt und gefördert wird,
- der Schwung des Pferdes vermehrt und ein hastiges Pferd beruhigt wird,
- ein Pferd ohne Zwang zum konsequenten Anhalten (Stoppen) veranlaßt wird,
- die Aufrichtung des Pferdes unterstützt wird,
- ein ästhetisch harmonischer Eindruck entsteht.

Nun, zu tun ist wirklich eine Menge. Diese kleine Aufzählung macht deutlich, wieviel vom Sitz abhängt und wie wichtig es ist, sich darum zu kümmern.

Hier wird aber auch deutlich, daß die in der Aufzählung enthaltenen Anforderungen an den Sitz für jede Reitweise gelten müssen. Die Unterschiede liegen vor allem in der praktischen Umsetzung.

Wer sich ernsthaft um einen Sitz bemüht, der die hier aufgezählten Kriterien erfüllt, hat es aber oftmals schwer. Sucht er als Anfänger Rat, was denn für ihn und sein Pferd der beste Sitz sei, so könnte er, um eine Wahl zu treffen, fast ebenso würfeln.

Sitz ist nicht gleich Sitz

Durch den Kopf schwirren dann: der konventionelle Sitz, der Entlastungssitz, der Vorwärtssitz, der leichte Sitz, der Schwebesitz, das Leichttraben, der Jagdsitz für den Galopp oder der grundsätzlich ausgesessene Sitz. – Für den Anfang reicht dieses Angebot sicherlich.

Bevor die Unterschiede zwischen dem konventionellen und dem in dieser Schule vermittelten Sitz weiter verdeutlicht werden, ist noch zu klären, welches Reiten Sie für sich und das Pferd am richtigsten halten. Hierzu sollten Sie auch den folgenden Abschnitt lesen.

Frage: Warum wird in der Freizeitreiter-Akademie nur ausgesessen geritten?

Claus Penquitt: Das Angebot an Sitzmöglichkeiten, zu denen es die unterschiedlichsten Meinungen gibt, kennen

Wer seine Arbeit vom Pferd aus verrichten muß, reitet, wie hier der Gardian, selbstverständlich ausgesessen.

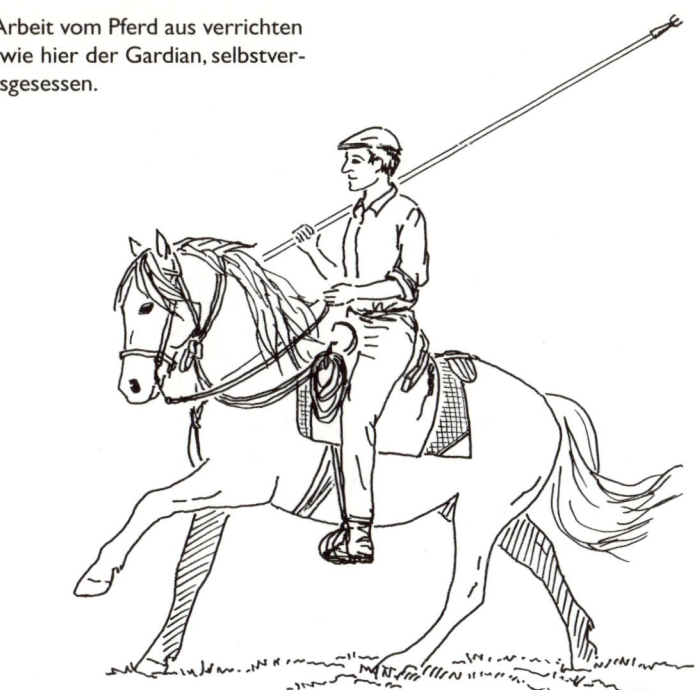

Sie nun. Jetzt müssen Sie Eingrenzungen vornehmen, um zu einem Entschluß zu kommen.

Sind die Meister der altklassischen Reitkunst Ihr Vorbild, so müssen Sie ausgesessen reiten. Nur in diesem Sitz ist es möglich, die zur Schonung und Erhaltung der Gesundheit des Pferdes erforderlichen gymnastizierenden Lektionen durchzuführen.

Damit wird aber auch in einem selbstzusteckenden Rahmen ein Reiten von altklassischen Lektionen möglich, wodurch Ausdruck, Schwung, Pep, Eleganz und Harmonie besonderer Art in das Reiten gebracht werden können.

Ausgesessen reiten aber auch diejenigen, deren Beruf es ist, mit dem Pferd zu arbeiten und hierbei nicht zuletzt größe-

re Strecken zurückzulegen. Es sind die Gauchos, die Vaqueros, die Cowboys, die Gardians und dergleichen. Wer nun gerne auf Strecke geht, dem kann aus eigener Erfahrung, sich selbst und seinem Pferd zuliebe, nur geraten werden, gleichfalls ausgesessen zu reiten.

> **Frage:** Was muß ich tun, um das stetige Aussitzen zu erlernen?

Claus Penquitt: Zunächst sollten Sie ein klein wenig über die entsprechende Anatomie wissen. Unser Becken, also der knöcherne Teil des Gesäßes, besteht sozusagen aus einem starren Ring. Lassen

FRAGEN ZUM SITZ

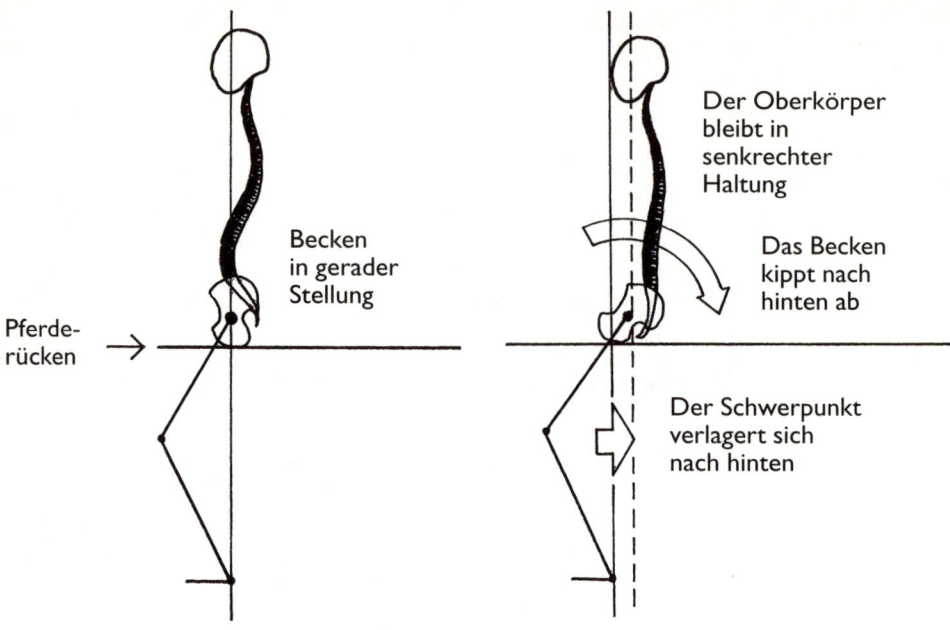

In dieser Sitzhaltung müssen alle Schwingungen und Stöße von der Wirbelsäule aufgefangen werden.

Erst durch das dynamische Abkippen des Beckens nach hinten kann der Körper den Schwingungen des Pferdes mühelos angepaßt werden.

Sie nun Ihre Bauchdecke nach innen fallen, so werden Muskeln aktiviert, die den Beckenring vorn anheben. Analog wird dadurch der Beckenring gegenüber, also an der Gesäßseite, entsprechend gesenkt. **Das Becken wird somit nach hinten abgekippt.**

Hierdurch tritt nun eine von jedem zu spürende Straffung im Lendenwirbelbereich ein.

Und jetzt, man höre und staune, tritt der Effekt ein, der im konventionellen Reiten mit dem so nebulösen Begriff »Kreuzanspannen« beschrieben wird.

Anspannen, nicht verspannen!

Nur allzuhäufig wird er durch falsche oder zumindest mangelhafte Erklärungen auch völlig falsch verstanden und daher falsch angewandt. So wird dann das meistens ohnehin reichlich ausgeprägte Hohlkreuz noch hohler gemacht. Der Oberkörper im ganzen wirkt dann nicht nur steif und verspannt, er ist es auch.

Wären mir seinerzeit die Zusammenhänge so wie hier erklärt worden, was hätte ich mir in meiner Ausbildungszeit als Reiteleve beim konventionellen Reiten nicht alles ersparen können. Meine Bandscheiben, mein Gesäß, ja mein ganzer Körper einschließlich meiner Psyche, all das wäre nicht so geschunden worden.

Anstatt totaler **Ver**spannung hätte sich mit Sicherheit bald wohltuende **Ent**spannung eingestellt. Statt deprimiert reiten **zu müssen**, wäre bei meiner großen Pferdeliebe der Spaß am Reiten nicht so total verdorben worden. Dieses Problem konnte ich sicherlich mit vielen teilen. Aber daß es auch heute noch vielen so geht, müßte nicht sein.

Das Becken dynamisch abkippen

Das Abkippen des Beckens ist eine Grundvoraussetzung zum guten, entspannenden und pferdefreundlichen Sitz. Aber das ist noch nicht alles. Vor allem muß dieses Abkippen des Beckens dynamisch sein, das heißt, es muß der Bewegung des Pferdes angepaßt erfolgen.

Das wird nicht schwerfallen, denn so geritten, kann der Körper sich im Normalfall sehr gut den Bewegungsabläufen des Pferdes anpassen. Dabei muß der Oberkörper unbedingt jederzeit aufrecht gehalten werden. Er darf weder nach vorn noch nach hinten pendeln oder etwa zur Seite abknicken.

Die Oberschenkel sowie die Knie dürfen auf keinen Fall angepreßt, sondern nur locker angelehnt werden. Vergessen Sie den Spruch »Knie ran«. Sie könnten im Ernstfall womöglich eine Flugbahn beschreiben und obendrein noch etwas Beschleunigung hineinbringen.

Lassen Sie die Oberarme senkrecht herunter hängen. Strecken Sie diese nach vorne, so engen Sie den Brustkorb ein, auch würden Sie damit Ihren Oberkörper vornüber ziehen. Und vom Körper abgespreizte Henkelarme ziehen bei jeder Volte oder Richtungsänderung Ihren Oberkörper nach innen, das heißt in die Bewegungsrichtung. Sie knicken dann an dieser Seite leicht in der Hüfte ein, und aus ist es mit dem guten Sitz!

Bleiben Sie also jederzeit senkrecht sitzen, aber seien Sie dennoch mit Ihrem Oberkörper flexibel. Sie müssen bei einer Richtungsänderung den Oberkörper in der Taille drehend in die Bewegungsrichtung stellen. Das heißt die innere Schulter zurücknehmen, wobei diese natürlich nicht nach unten absacken darf. Mit dieser Aktion helfen Sie dem Pferd, in die gewünschte Richtung zu gehen, ohne daß mit dem Zügel mehr als nur ein kleines »Klingelzeichen« gegeben werden muß.

Sie sollten stets gleichmäßig durchatmen, dabei den Kopf aufrecht halten und über das Pferd hinweg in die Ferne blicken. Würden Sie ständig nach unten sehen, verbiegen Sie Ihre Wirbelsäule und verspannen sich automatisch. Befolgen Sie dies alles einigermaßen, dann haben Sie schon **einige** der erforderlichen Voraussetzungen für den in der Freizeitreiter-Akademie gelehrten Sitz. Sie und Ihr Pferd werden es schon nach sehr kurzer Zeit spüren.

Frage: Wie kann ich im Trab besser aussitzen?

Claus Penquitt: Im Schritt, das Pferd geht dabei im Viertakt, kann man gemütlich aussitzen. Wer hierbei genau auf die Bewegungen des Pferdes achtet, wird feststellen, daß beim Abheben eines Hinterbeines vom Boden sich nicht nur dieses Bein hebt, sondern daß sich auf dieser

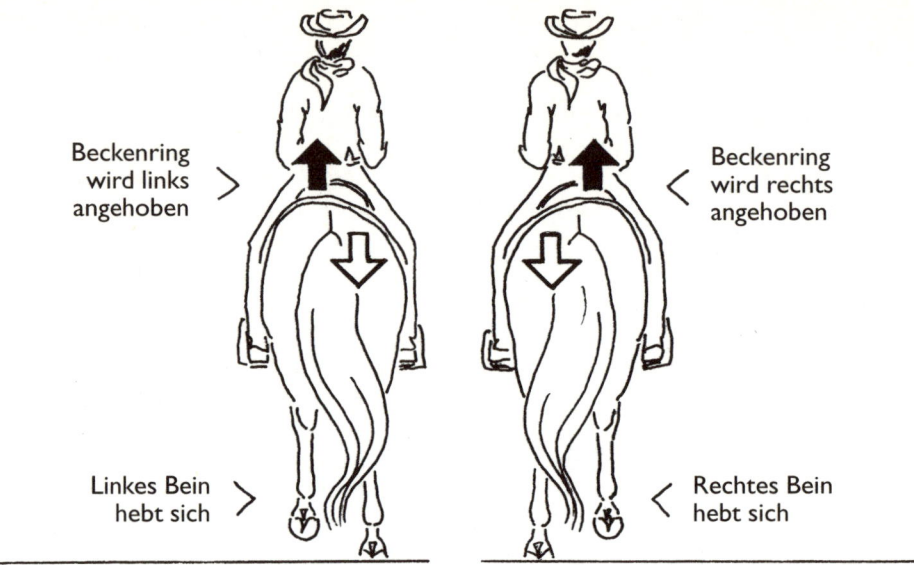

Wer es lernt, die im Trab und Jog auftretenden wechselseitigen Schwingungen aufzufangen, sitzt perfekt.

Seite auch die ganze hintere Hälfte des Pferdes nach oben bewegt.

Schwingt das Hinterbein nun vor und tritt wieder auf, so sinkt das gleichseitige Hinterteil nach unten. Auf der anderen Pferdeseite hingegen hebt sich in diesem Moment gerade die andere hintere Hälfte des Pferdes durch den beschriebenen Vorgang. So geht's dann im Wechsel links hoch, rechts hoch, immer wieder.

Haben Sie im Schritt darauf geachtet, so werden Sie diesen Bewegungsablauf auch im Trab erspüren. Durch seinen Zweitakt geht dieser allerdings recht flott vonstatten. Sollte Ihr Pferd auch noch ein, wörtlich zu nehmen, hochtrabendes sein, also ein Pferd mit hohem Wurf, und Sie sind im Aussitzen noch nicht geübt, so werden Sie diesen Bewegungsablauf unter Umständen auch recht schmerzhaft wahrnehmen.

Was nun? Sie wissen, daß sich beim Abfußen eines Hinterbeines die jeweilige hintere Hälfte des Pferdes mit hebt, während die gegenüberliegende sinkt. Somit wird Ihr Gesäß abwechselnd mal links und mal rechts je nach Temperament und Tempo des Pferdes mehr oder weniger hochgeworfen.

Sie sollten sich aber nicht tatenlos hochwerfen lassen, weil Sie dadurch jedesmal erst verzögert wieder in Richtung Sattel runterkommen. In diesem Moment saust Ihnen der Sattel schon wieder mit sehr viel Schwung entgegen. So kommen dann die harten, unangenehmen Stöße immer abwechselnd, viele Male. An ein rhythmisches Mitschwingen ist nicht zu denken, denn dazu haben Sie keine Gelegenheit.

Links hoch, rechts hoch – Sie müssen mitmachen

Hiergegen muß also etwas getan werden. Und Sie können es auch, denn das Becken läßt sich nicht nur wie geschildert nach hinten, sondern auch seitlich abkippen. Hebt man den Beckenring mit den entsprechenden Muskeln auf einer Seite an, so weicht auf dieser Seite Ihre Gesäßhälfte dem hochkommenden Hinterteil des Pferdes nach oben hin aus. So können Sie dem unkontrollierten Hochgeworfenwerden elegant ausweichen.

Heben Sie also auf der einen Seite Ihr Becken an, so sinkt es auf der gegenüberliegenden Seite ab. Dies geschieht zwangsläufig, da die Beckenhälften ja starr miteinander verbunden sind. So bleiben Sie, trotz des beschriebenen Ausweichens nach oben, stets im Takt der Bewegungen des Pferdes und daher vor allem im Sattel.

Sie werden es sich vorerst schwer machen und daher zum wechselnden Anheben der Beckenseiten auch etwas in den Bügeln abstützen müssen. Aber nach einiger Zeit sind die anfänglichen Schwierigkeiten überwunden. Dann wird sich ein müheloser, weicher und schwingender Rhythmus einstellen, wofür Ihnen nicht nur Ihr Gesäß, sondern auch Ihr

Wer sich aus dem Sattel hochwerfen läßt, kommt zu spät wieder herunter. Unangenehme Stöße für Pferd und Reiter sind die Folge.

Pferd durch zufriedene Ausgeglichenheit in dieser Gangart dankt.

Natürlich wird das Aussitzen in beschriebener Art schwieriger, je schneller Sie traben. Wer aber im Jog, dem extrem langsamen Trab, reitet, für den ist dies kein Thema mehr.

Frage: Kann ein Pferd mit empfindlichem Rücken ausgesessen geritten werden, oder ist es besser leichtzutraben?

Claus Penquitt: Ein empfindlicher Pferderücken ist nicht als ein schicksalsmäßig hinzunehmender Dauerzustand anzusehen. Solche Pferde brauchen die gymnastizierenden Biege- und Beugeübungen am nötigsten. So kann eine Stärkung der Rückenmuskulatur und im günstigen Fall auch ein strafferer und federnder Rücken erreicht werden.

Zur Gymnastizierung sind vor allem die Seitengänge erforderlich. Diese können aber nur ausgesessen geritten werden. Wenn Sie den hier gelehrten Sitz beherrschen, so wird es Ihnen mittels des dynamisch nach hinten abgekippten Beckens gelingen, sich weich den Schwingungen des Pferdes anzupassen. So können Sie den empfindlichen Pferderücken nicht nur schonen, sondern durch durchdachtes Reiten federnd straffen und stärken.

Falls ein konventioneller Sattel benutzt wird, wäre bei gegebener Rückenschwäche ein Wechsel zu einem Sattel mit erheblich größerer Auflagefläche auf dem Pferderücken zu empfehlen (siehe auch S. 27). Die bekannten gymnastizierenden Übungen, die zu jedem Reiten gehören, sollten aber nur in kurzen Reprisen geritten werden.

So gehört, zum Beispiel, zu jeder Bahnrunde in einem Seitengang eine anschließende Entspannungsrunde am hingegebenen Zügel. Gymnastizieren Sie Ihr Pferd im Gelände, so sollten Sie entsprechend verfahren.

Mit dem sogenannten Leichttraben kann eine Stärkung und somit Besserung eines empfindlichen Pferderückens wohl kaum zu erreichen sein, da die hierzu erforderlichen gymnastizierenden Seitengänge und anderen Biege- und Beugeübungen nur im ausgesessenen Sitz durchführbar sind.

Oben links: Bevor mit dem eigentlichen Reiten begonnen wird, braucht die Psyche von Pferd und Reiter einige Minuten Zeit zum »Umschalten«. Diese Warmreitezeit für Vigoroso bezeichnet Claus Penquitt als gemeinsame Meditationszeit.
Oben rechts: Leichtigkeit, Schwung und Eleganz zeigt dieser Kursteilnehmer mit seinem Pferd bei einer im Jog gerittenen Traversale.
Unten: Auf dem Zirkel geritten wird der Galopp gleichmäßig, weich und schwingend. Nathalie Penquitt bildet hier mit ihrem Morganhorse, das korrekt in die Bewegungsrichtung gebogen galoppiert, eine schöne harmonische Einheit.

Seite 56:
Oben: Sinnvoll und nützlich zur Gymnastizierung des Pferdes sind die Seitengänge. Hier vier Kursteilnehmer beim Üben des wichtigsten Seitenganges, dem Schulterherein.
Unten: Nach getaner Arbeit auf dem Platz geht es unbedingt raus ins Gelände. Hier erhalten Pferd und Reiter die Belohnung für die vielen gymnastizierenden Lektionen. Watanis Galopp gleicht einem Schweben im Wind.

Frage: Warum wird in der Freizeitreiter-Akademie nicht das Leichttraben gelehrt?

Claus Penquitt:

> Weder im altklassischen noch im iberischen oder altkalifornischen Reiten und in keiner bekannten Gebrauchs-(Arbeits)-Reitweise gibt es das Leichttraben!

Das Leichttraben ist eine englische Erfindung. Ende des achtzehnten Jahrhunderts wurde es auch in Deutschland Mode. Allerdings hatten die Engländer als Jagdreiter bei dieser Erfindung mehr an die Schonung ihres Rückens und ihres Gesäßes gedacht als an die des Pferderückens.

Als Jagdreiter hatten sie in den, wenn auch wenigen, Trabreprisen auf ihren langen und weit ausholenden Jagdpferden ein flottes Tempo drauf. Nun sollen englische Jagdpferde, zumindest seinerzeit, bei diesem Trab auch härtesten Lords Gesäß und Rücken gestaucht haben.

Diese Gangart auszusitzen war ein kaum zu überbietender Härtetest. Ihr ausgeprägter Pferdeverstand verhalf den Engländern aber zu der Überlegung, nur jeden zweiten Trabschritt auszusitzen.

Hierzu stützten sie sich einfach in den Bügeln ab. Auch in Deutschland konnte bald das ständige Rauf und Runter bewundert werden. Das, was heute unter dem Begriff Leichttraben zu sehen ist, läßt die berechtigte Frage aufkommen, was hier »leicht« sei und wenn ja, für wen?

Leichttraben bringt junge Pferde aus dem Gleichgewicht

Vor allem junge Pferde sind durch das bei jedem zweiten Trabschritt über dem Sattel »schwimmende« und so nicht auszubalancierende Gewicht des Reiters äußerst irritiert. Meistens kommen dann noch angepreßte Knie und ein zusätzlich belastender nach vorn gebeugter Körper hinzu.

Einige mir bekannte Ausbilder, und auch ich selbst, sind noch nie auf den Gedanken gekommen, beim Einreiten junger Pferde leichtzutraben.

Stets und ständig weich, den Bewegungen des Pferdes angepaßt, ausgesessen geritten, so wurden sie ausgebildet und auch später zu keiner Zeit anders geritten. Pferde, die jetzt weit über zwanzig Jahre alt sind, werden noch heute problemlos geritten und sind dabei kerngesund.

Die häufigsten Fehler des Reiters beim Leichttraben sind:
- die Knie an den Sattel anzupressen,
- zu hoch aus dem Sattel aufzustehen,
- Fuß und Kniegelenke zu versteifen,
- das Gesäß nach hinten herauszuschieben,
- den Oberkörper stark vornüber zu neigen,
- das Hohlkreuz noch hohler zu machen.

Bei Vermeidung der hier aufgezeigten Fehler wäre gegen das Leichttraben mit bereits eingerittenen Pferden nichts einzuwenden. Aber welche Notwendigkeit besteht, anders als in dem in der Freizeitreiter-Akademie gelehrten Sitz zu reiten, der schon seit vielen Jahrhunderten bekannt und bewährt ist?

Für das stets weich federnd ausgesessene Reiten sprechen auch seit Jahren die immer wieder in Briefen und Gesprächen von Schülerinnen und Schülern vorgebrachten Erklärungen, daß sie selbst oder ihre Pferde Rückenprobleme gehabt hätten, die nun dank dieser Reitweise wie weggeblasen seien.

Ein anderer, besserer Sitz als dieser, der, auf den Erkenntnissen der alten Reitmeister aufbauend, für das anspruchsvolle Freizeitreiten modifiziert wurde, konnte sinnvoller, bequemer und für Pferd und Reiter gesünder aus meiner Sicht bisher noch nicht gefunden oder erfunden werden.

Fragen zu den Hilfen

Frage: Wie kann ich mir merken, wo beim Reiten die Innenseite und wo die Außenseite ist? Gibt es dafür Regeln?

Claus Penquitt: Kursteilnehmer, die ständig links und rechts verwechseln, kommen häufiger vor, als Sie es sich vorstellen können. Zur Orientierung behelfen sie sich durch ein Band an einem Handgelenk. Welches aber beim Reiten die jeweils innere oder äußere Seite des Pferdes ist, kann leider nicht markiert werden. Diese wechseln ja beim Reiten in den verschiedenen Lektionen.

Wer sich hier nicht auskennt, kann in gehörige Schwierigkeiten kommen. Wie wollen Sie den inneren Schenkel oder den äußeren Zügel einsetzen, ohne sicher zu sein, wo nun innen oder außen beim Pferd ist?

Während eines Unterrichts könnten Sie notgedrungen noch fragen, was wo ist. Stehen die Reitanweisungen aber in einem Buch oder in einer Zeitschrift, wird es schwieriger. Und hin und wieder verstehen selbst die Autoren diese Begriffe unterschiedlich.

Die richtige Definition – gar nicht so einfach!

Hat man begriffen, was der eine darunter versteht, so irritiert ein anderer Autor aufs neue. Ich habe, zum Beispiel, mal gelesen, daß die äußere Seite des Pferdes immer dort sei, wo sich die Bahnbegrenzung befindet. Wenn Sie sich aber im rechten Winkel zu dieser in einer Volltraversale befinden, was dann? Oder aber in der Mitte des Platzes eine Lektion durchführen? Und was ist, wenn weder eine Begrenzung noch eine Reitbahn vorhanden sind?

Wo die **innere Seite** des Pferdes ist, könnten Sie sich eigentlich ganz einfach merken. Es ist stets die Seite, auf der das Pferd in einer Lektion **hohlgebogen** gehen soll.

Aber ginge es nicht noch einfacher zu merken?

So zum Beispiel, daß die innere Seite beim Pferd immer dort ist, wo es hingeht. Nur beim Geradeausgehen wird es bei dieser Regel wieder schwierig. Da gibt es nur innen und außen beim Pferd, wenn es auf einer Bahn geht. Hier gilt die obengenannte Regel mit der Einzäunung oder wo eigentlich eine sein könnte. Das ist dann außen.

Keine Regel ohne Ausnahme

Im Schulterherein (siehe S. 92) oder beim Vergrößern einer Volte stimmt es dann auch wieder nicht. Denn in diesem Seitengang, wenn auch als Ausnahme, geht das Pferd mit seiner vollgebogenen Seite anstatt der hohlgebogenen in der Bewegungsrichtung. Gleiches trifft für das Volte-Vergrößern zu. Auch hier ist »innen« entgegengesetzt.

Können Sie mir eigentlich noch folgen? Wenn nicht, trösten Sie sich, ich konnte es auch nicht. Dafür habe ich nachgedacht und meine, daß nachfolgendes Ergebnis merkfähiger sei.

> Regel 1: Geht das Pferd anders als geradeaus, so ist seine innere Seite die der Bewegungsrichtung zugewandte. Dies gilt bis auf die Ausnahmen beim Schulterherein und dem Volte-Vergrößern.

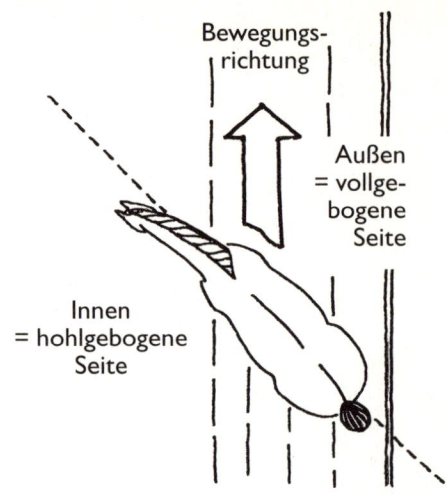

Wo ist innen oder außen und wo die hohlgebogene oder vollgebogene Seite des Pferdes beim Schulterherein?

Geht also das Pferd linksherum durch eine Ecke, so ist hierbei seine **innere** Seite die **linke**. Geht das Pferd eine Volte oder auf einem Zirkel **linksherum**, so ist die **linke Seite die innere**. Bei jeder Wendung ist folglich die Bewegungsrichtung die innere Seite des Pferdes. Auch bei den Seitengängen ist die Bewegungsrichtung die innere Seite des Pferdes.

Ein Beispiel für innen und außen beim Pferd in einer Linksvolte.

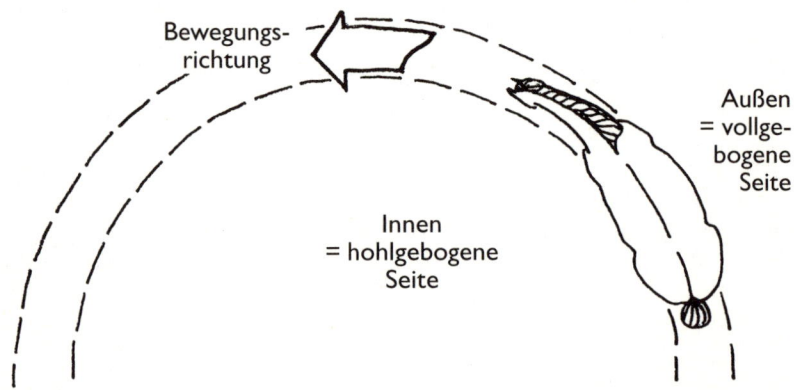

Hohlgebogen und vollgebogen = innen und außen

Noch deutlicher wird es für den, der zumindest schon theoretisch weiß, in welche Richtung sich das Pferd bei den verschiedenen Übungen in seiner Längsachse, also seitlich, biegen soll. Wie bei einer Ziehharmonika wird sich auf einer Seite die Rippenpartie des Pferdes dehnen. Der Leib wölbt sich nach **außen**. Hingegen wird die Rippenpartie auf der anderen Seite des Pferdes nach **innen** zusammengedrückt. So spricht man dann von einer **vollgebogenen** und einer **hohlgebogenen** Seite. Und hieraus resultiert die nächste Regel.

Regel 2: Die Innenseite eines Pferdes ist ausnahmslos immer die, in welcher das Pferd bei einer Lektion hohlgebogen sein soll.

Und wenn Sie nun wissen, in welcher Situation die innere Seite gemeint ist, und Sie sich dies in der Praxis immer wieder vor Augen führen, so wissen Sie demnächst sofort, was zu tun ist, wenn der **äußere** Schenkel angelegt werden soll und der **innere** Zügel tiefer zu halten ist.

Frage: Wie sensibilisiere ich ein grob gerittenes Pferd wieder für feinere Signale, und ist ein hartes Maul unheilbar?

Claus Penquitt: Gleich zwei Fragen, aber da eins ins andere übergreift, lassen sie sich gut zusammen beantworten. Allerdings könnte dieses sehr komplexe Thema allein ein Buch ausfüllen.

Eigentlich ist es merkwürdig, daß stets von »Hilfen«, die dem Pferd gegeben werden, gesprochen wird. Wie aber diese Hilfen in der Praxis häufig verstanden werden, dazu könnte man oftmals Hilfe schreien. Das Pferd kann es nicht, es kann sich nur mit seinen Mitteln wehren. So werden die vermeintlichen Hilfen noch gröber. – Ein unschöner Lauf der Dinge, deren bitteres Ende vorprogrammiert ist.

Die Hilfen als Sprache zur Verständigung

Die Hilfen sollen die Sprache sein, mit der man seinem Pferd sagt, was es tun oder lassen soll.

Wer hierbei ständig »schreit«, also grob und unüberlegt in seinen Hilfen ist, wird bald mit seinem Latein am Ende sein. Er erreicht beim Pferd genau das, was auch ein Lehrer bei seinen Schülern erreicht, wenn er sie immer wieder anschreit. Sie werden sauer, abgestumpft oder drehen durch.

Natürlich ist es anfangs besonders wichtig, dem Pferd mit konsequenter Deutlichkeit zu sagen, was man von ihm will. Das heißt, was mittels einer Hilfe gesagt werden soll, muß dem Pferd auch verständlich sein. Hierbei werden schon die meisten Fehler begangen.

Je verständlicher dem Pferd eine Hilfe ist, desto größer wird seine Bereitschaft sein, entsprechend zu reagieren, und desto kleiner braucht die Intensität der Hilfe zu sein.

Hier ein Beispiel:

Statt einem Pferd mit erheblich starkem Zügelzug klarzumachen, daß es in einer Volte gehen soll, helfen Sie ihm mit einer konsequenten Drehung des Oberkörpers in die Bewegungsrichtung. Sie bleiben in dieser Körperhaltung in der Volte, um dadurch dem Pferd diese Bewegungsrichtung zu verstehen helfen. Hierdurch können Sie sehr bald die Zügelhilfen bis auf ein leichtes Klingeln am inneren Zügel reduzieren.

Diese dem Pferd logisch erscheinende Hilfe führt dazu, daß Sie irgendwann im Galopp eine Volte reiten können, bei der die Hilfen lediglich aus einer Körperdrehung in die Bewegungsrichtung und einem leichten Druck des äußeren Schenkels bestehen werden. Die Zügel brauchen Sie hierzu eigentlich nicht mehr.

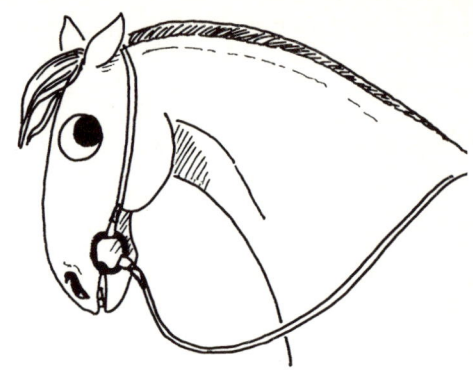

Lernen durch Belohnung – »Aha! Der Druck im Maul ist sofort weg, wenn ich gestoppt habe!«

Durch geschickte Belohnung zur Sensibilität

Eine Belohnung Ihres Pferdes kann gleichfalls zur Sensibilisierung beitragen. Sie besteht darin, dem Pferd die Chance zu geben, aus einer unangenehmen Situation durch entsprechendes Handeln sofort in eine angenehme zu kommen. Sehr bald wird es eine Logik hierin erkennen und auf bestimmte Hilfen, die in ihrer Intensität dann nach und nach reduziert werden können, prompt und wie gewünscht reagieren.

Hierzu ein weiteres Beispiel:

Um einem Pferd klarzumachen, daß es an einer bestimmten Stelle konsequent, also auf den Punkt genau, anhalten soll, muß ich anfangs entsprechend stark die Zügel verkürzen. Lasse ich aber die Zügel im gleichen Moment, in dem das Pferd stoppt, augenblicklich los, lernt es hieraus.

Es begreift sehr schnell den Zusammenhang, in dem der unangenehme Zügelzug, sprich Druck im Maul, sofort vorbei ist, wenn es anhält. Dies ist für das Pferd logisch, und es begreift das Verschwinden des Drucks im Maul als Belohnung für sein Anhalten.

Bald werden Sie nur noch mit einem leichten und für Außenstehende kaum sichtbaren Anheben der Zügel neben den übrigen Hilfen auskommen können, um Ihr Pferd an jedem beliebigen Punkt zum sofortigen Stop zu bringen.

Schluß mit dem Dauerdruck der Hilfen

Zur Sensibilisierung eines Pferdes, das heißt, um es zur Reaktion auf feinere Hilfen zu bringen, müssen Sie viele Überlegungen und noch mehr Geduld haben. Was auch immer Sie mit Ihrem Pferd machen, Sie sollten hierbei in entsprechend kleinen und für das Pferd logischen Schritten vorgehen. Als wichtigste Voraussetzung zur Wiederherstellung einer normalen Sensibilität muß das Pferd deutlich spüren, daß es nicht mehr einem Dauerdruck von Hilfen ausgesetzt ist.

Etwas Aufmunterung kann Wunder bewirken

Natürlich wird das durch falsche Behandlung abgestumpfte Pferd vorerst nicht sofort auf kurze leichte Zeichen reagieren. Ist es zu träge, dann sollten Sie probieren, es einfach mal durch einen Klaps mit der Gerte – zum Aufwecken gedacht – aufzumuntern.

Zusätzlich kommt noch das Sporenrad und rollt gleichfalls sehr plötzlich und mächtig kitzelnd an vorgesehener Stelle. Obendrein lassen Sie ein kurzes, aber kräftiges stimmliches Donnerwetter los. Ihr eigentlich kaum noch zu weckendes und für zarte Hilfen abgestumpftes Pferd wird für einen Augenblick putzmunter sein.

Die nun folgende Reaktion des Pferdes dirigieren Sie in die gewünschte Aktion. Kehren Sie sofort zu den ursprünglich gedachten feineren Hilfen zurück und

Kaum zu glauben, diese Wandlung! Das Pferd war abgestumpft und hieß »die träge Else« – nun geht sie wie eine Elfe leichtfüßig in einer Traversale!

vergessen Sie nicht, das Pferd überschwenglich zu loben, auch wenn seine Reaktion noch keine Meisterleistung war.

Werden die Aktionen des Pferdes wieder zäher, so wird das ganze Theater nochmals angedroht. Meistens genügt schon die Andeutung, jedenfalls für einige Zeit, bis Sie vielleicht doch noch einmal in beschriebener Art reagieren müssen.

Aber wie gesagt, Sie sollten anfangs auch kleinste Reaktionen des Pferdes auf Ihre Hilfen belohnen. Es wird dann bald gleiches mit Ihnen tun.

Hilfen nur als Signale

Nun können Sie bald dazu übergehen, Zügel und Schenkel nicht dauernd einzusetzen. Sie sollten es mit Signalen versuchen.

Das heißt, in einer Volte wird jetzt mit leicht durchhängendem Zügel geritten. Ihren Oberkörper haben Sie zur Unterstützung sehr deutlich in die Bewegungsrichtung gedreht.

Immer dann, wenn das Pferd den Kopf nach außen nehmen und sicherlich auch die Volte verlassen will, zupfen Sie mit angemessenem Aufwand am inneren Zügel. Zu diesem Signal kommt ein weiteres kurzes durch den äußeren Schenkel.

Diese Signale werden Sie anfangs in kurzer Folge geben müssen. Sie brauchen eine Menge Geduld, die sich aber lohnt. Zunächst kaum wahrnehmbar, werden Sie mit jeder weiteren Volte weniger Signale, also weniger Zügel- als auch Schenkelhilfen zu geben brauchen. Auch die Intensität des Zügelzugs und Schenkeldrucks wird langsam, aber sicher abnehmen können.

Statt Kraftsport – Denksport als Belohnung!

Und irgendwann, eigentlich unmerklich, wird die anfangs wohl für kaum glaubhaft gehaltene Wandlung Ihres Pferdes eintreten. Jetzt zahlen sich Ihre vielen Überlegungen und Bemühungen aus. Ihr Reiten erhält eine andere Wertigkeit. Nun kann es so werden, wie es eigentlich selbstverständlich sein sollte, denn jetzt wird aus **Kraftsport – Denksport!**

Aber vergessen Sie nicht die Grundlage Ihres Erfolges, indem Sie **mit Pferden denken – Pferde lenken** können.

> **Frage:** Warum wird in der Freizeitreiter-Akademie die Zügelführung anders gehandhabt als üblich?

Claus Penquitt: Wie Sie wissen, soll zur Schonung des Pferdemauls sowenig wie möglich und nur soviel wie nötig mit Zügelzug, sprich Druck im Pferdemaul, eingewirkt werden. Hierüber ist man sich in jeder Reitweise zwar einig, nur in der Praxis hapert es damit noch erheblich.

Es ist aber richtig, daß sich die hier gelehrte Zügelführung von der üblichen konventionellen wesentlich unterscheidet – und das, wie Sie noch feststellen werden, aus guten Gründen.

Ungewöhnliche Zügelführung = ungewöhnliche Erfolge!

Obgleich in meiner Reitlehre mit den Zügeln an sich äußerst sparsam umgegangen werden muß, nimmt doch die Art der

Zügelführung in dem hier vermittelten Lehrprogramm einen sehr breiten Raum ein.

Die **anfangs** zu gebenden Zügelhilfen sollen überdeutlich sein. Sie entsprechen in ihrer besonderen Handhabung keineswegs dem üblichen Standard. In ihrer Wirkung aber sind sie für das Pferd ungewöhnlich eindeutig und ungewöhnlich erfolgreich.

Was mit sparsamem Zügelumgang gemeint ist, bezieht sich hauptsächlich auf die Intensität der »Zügelkraft« sowie ihre Einwirkungsdauer. Auch hier bestehen gravierende Unterschiede zum konventionellen Reiten. Dazu muß etwas geklärt werden.

So entfällt in der hier gelehrten Reitweise zum Beispiel die üblicherweise verlangte ständige Anlehnung des Pferdes an das Gebiß. Kann doch nur so ein **ständiger Druck** des Gebisses auf die Laden des Unterkiefers vermieden werden.

Die »Anlehnung« hat es in sich!

Diese im konventionellen Reiten geforderte »vertrauensvolle Anlehnung« des Pferdes soll ja durch leichtes, federndes Gegenhalten der Zügel erreicht werden und in einem Sichabstoßen des Pferdes am Gebiß letztendlich bestehen. Daß diese hervorragende theoretische Forderung in der Praxis leider allzuhäufig zu einem mehr oder weniger starken Dauerdruck durch ständigen Zügelzug führt, überrascht keineswegs, wohl aber das Ausmaß der dabei auftretenden Kräfte.

Selbstverständlich ungewollt werden hier Drücke verursacht, die kaum vorstellbar sind. Würde eine wissenschaftliche Untersuchung dies nicht belegen, es wäre nicht zu glauben. Exakte elektronische Messungen der Ruhr-Universität Bochum (Prof. Dr. Holger Preuschoft) ergaben folgendes:

Anstatt der wenigen Gramm Zügelzug, die auf das Pferd nach den Forderungen der konventionellen Reitlehre einwirken sollen, wurden in der Praxis Zügelkräfte von 30 (!) Kilogramm = dreißigtausend Gramm bei konventionellen Reitern mit anerkannter Ausbildung registriert. Bei Messungen bestimmter Reitabläufe mit Kandarenzäumung lagen sie aber noch um ein Vielfaches (!) höher.

Das Prinzip der Zügelführung kann eigentlich nur ganzheitlich, das heißt im Zusammenhang mit der hier vermittelten Reitlehre, angesprochen werden. Hier wird als langfristiges Ausbildungsziel eine weitgehend zügelunabhängige Versammlung des Pferdes angestrebt. Daraus ergeben sich natürlich andere Anforderungen an das Reiten.

Der Weg ist zwar lang, aber schön, human und zuverlässig.

In diesem Zusammenhang sollte daher nicht vergessen werden, auf einen Lehrgrundsatz und seine Begründung (siehe S. 44) hinzuweisen. Beides kann, in welcher Form auch immer, nicht oft genug wiederholt werden. Es steht über allem, was mit der Zügelführung, so wie sie in der Freizeitreiter-Akademie gelehrt wird, zu tun hat:

- Eine Umleitung der Zügel über indirekte Wege oder zugverstärkende Mittel zum Erzwingen einer erwünschten Körperhaltung des Pferdes ist ausnahmslos unerwünscht.
- Argumente für fallbegrenzte Ausnahmesituationen können nicht anerkannt werden. Sie erwiesen sich in der hier geübten Praxis als nicht haltbar.

- In keinem aufgetretenen Fall führte der Verzicht auf derartige Zwangsmittel zu einem negativen Ergebnis.
- Der scheinbar längere Weg über entsprechendes Reiten war stets der sicherste und letztendlich der kürzere.

Sinnvolle Zügelführung spart Hilfen und schont das Pferdemaul

Die Kunst einer konsequenten, aber sensiblen Zügelführung liegt im Nachgeben. Hierzu müssen Sie dem Pferd vorerst überdeutlich, jedoch mit geringstmöglichem Zügelzug zeigen, was es tun soll. Es ist bekannt, daß Kursteilnehmer der Freizeitreiter-Akademie ungewöhnlich schnell mit ihren Pferden die hier gelehrten Lektionen erlernen.

> Der Erfolg liegt darin begründet, daß die besondere Zügelhaltung dem Pferd wie eine Leitschiene dient.

Hier ein Beispiel:
Liegt in einer Volte der äußere Zügel **unterhalb** des Widerristes leicht mit der Hand angelegt, so begrenzt dies dem Pferd die Größe der Volte nach außen. Wird der innere Zügel hingegen **höher**, das heißt direkt **über** dem Widerrist gehalten, so biegt das Pferd, durch leichtes Zupfen an diesem Zügel, seinen Hals nach innen und nimmt somit Kopf und Hals korrekt in die gewünschte Richtung.

Da das Pferd in der Volte nach innen gebogen wird, reagiert es normalerweise mit einem Verkleinern der Volte. Nur durch die erklärte deutliche Richtung des inneren Zügels zum Widerrist wird das Pferd bei kaum erforderlichem Einsatz des inneren Schenkels die Volte nicht verkleinern. Sie werden mühelos jede beliebige Voltengröße einhalten können.

Dies wird Ihnen auch bei den Galopp-Volten sehr zugute kommen. Hier wird das Pferd auf einer Seite der Volte stark nach innen drücken, um an anderer Stelle um so mehr nach außen zu streben. Dies gibt dann die äußerst unbeliebten Eiform-Volten.

Seitengänge erlernen – besondere Zügelhilfen machen es leichter

Ein junges Pferd nicht mit groben Zügelhilfen abzustumpfen oder ein hartes Maul wieder zu sensibilisieren, erfordert Methoden, die das Maul nicht belasten, also schonen, es aber dennoch möglich machen zu erreichen, was erreicht werden soll.

So wird in einer an sich unüblichen Methode der Zügelführung, die Ihrem Pferd aber logisch erscheint, auf einfache Weise klargemacht, was es zu tun hat. Bei den Seitengängen wird dies besonders deutlich.

Hier am Beispiel **Schulterherein (linksherum)**:

Das Pferd hat beim Schulterherein in einer bestimmten Schrägstellung zu gehen. Sie zeigen ihm daher mit dem äußeren (rechten) Zügel und entsprechendem Druck dieser Hand seitlich am Widerrist klar und eindeutig, daß es die äußere Schulter in der gewünschten Schrägstellung hereinzunehmen hat.

Das Schulterherein

Schenkel- und Zügelhilfen

→ Leichtes Verkürzen des Zügels

➡ Druck der Zügelhand

⊖ Ohne Druck anliegender Schenkel mit leichter Belastung des Bügels

⬅⊖ Mit Druck anliegender Schenkel

--→ Bewegungsrichtung

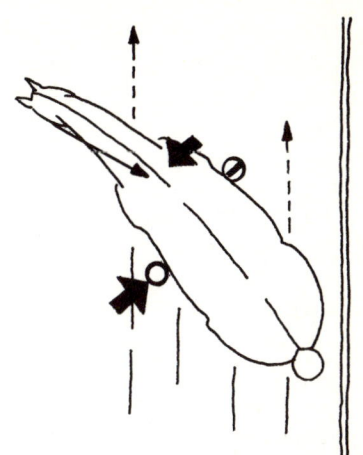

Sie legen also Ihre äußere (rechte) Zügelhand mit so viel Druck an den Widerrist, wie das Pferd seine Schulter und damit seine ganze vordere Körperpartie vom Hufschlag weg nach innen (links) hereinnehmen soll.

Den inneren (linken) Zügel halten Sie **leicht** verkürzt **über** dem Widerrist. Er hat für eine leichte Biegung des Pferdes nach innen zu sorgen. Natürlich darf sich das Pferd nicht mit den Hinterbeinen vom Hufschlag entfernen. Gegebenenfalls müßten beide Zügel, in beschriebener Stellung belassen, durch gleichzeitiges zusätzliches Verkürzen dafür sorgen.

Da es sich hier ausschließlich um die Erklärung von Zügelhilfen handelt, sollen die weiteren für das Schulterherein erforderlichen Hilfen an dieser Stelle nicht weiter behandelt werden.

Ständiges Nachgeben – macht Pferde sensibel

Obwohl Sie glauben könnten, nunmehr alles an Zügelhilfen getan zu haben, beginnt jetzt aber erst die eigentliche Sensibilisierung dieser Hilfen. Sie besteht in einem ständigen Wechselspiel von Annehmen und Nachgeben der Zügel. Beginnen müssen Sie sofort mit dem Nachgeben.

Das heißt, unmittelbar nachdem Sie mit dem Schulterherein angefangen haben, müssen Sie bereits beginnen, beide Zügel nachzugeben, den seitlichen Druck der äußeren (rechten) Zügelhand zu verringern und den leichten Zug am inneren (linken) Zügel noch leichter werden zu lassen. **Die beschriebene Lage der Zügel darf aber unter keinen Umständen verändert werden.**

Anfangs wird das Pferd sofort versuchen, sich vom Hufschlag zu entfernen sowie die Schrägstellung und damit das Schulterherein aufgeben zu wollen. Sie müssen vorausdenkend darauf gefaßt sein, um blitzschnell reagieren zu können. Trotzdem wird das Nachgeben der Zügel von nun an für Sie großgeschrieben.

Zeigen Sie hierbei Geduld und Ausdauer, so werden Sie königlich belohnt.

Irgendwann hat Ihr Pferd gelernt, wie Sie das mit dem ständigen Nachgeben meinen. Ihre Zügel halten Sie nun lediglich in entsprechender Stellung, ohne irgendwelchen Zug oder Druck.

Allein aus Ihrer für das Schulterherein erforderlichen Körperhaltung wird Ihr Pferd wissen, was zu tun ist. Und wie von Zauberhand gelenkt, wird es so und später auch in jedem anderen Seitengang mit nahezu nur gedachten Hilfen gehen.

Dies ist der Schlüssel zum sensiblen und nahezu zug- und drucklosen Einsatz der Zügel in dieser Reitweise. Und wenn Sie mein Pferd Watani 12 mal in einer Show ohne Zügel im Jog oder Galopp, beim Stop, bei engen Wendungen oder dem Rückwärtsgehen gesehen haben, dann wissen Sie, wie er dies alles gelernt hat.

Frage: Gibt es in der Zügelführung auch Unterschiede, wie zum Beispiel für das Einreiten eines jungen Pferdes?

Claus Penquitt: Zumindest in den ersten sechs Monaten des Einreitens Ihres Pferdes sollten Sie abweichend von den üblichen Regeln eine besondere Zügelführung handhaben. Die Verwirrung eines jungen Pferdes beim Einreiten ist ohnehin erheblich. Daher müssen Sie ihm alles, was das Pferd anfangs lernen soll, besonders einfach und überdeutlich **zeigen**.

Beim Stichwort »zeigen« geht es vor allem um die Zügelführung. Der jeweils innere Zügel soll dem jungen Pferd mit größter Deutlichkeit die jeweilig gewollte Änderung der Bewegungsrichtung rechtzeitig anzeigen. Während im Normalfall die Zügel ja eng zusammengehalten werden, ist hier das Gegenteil der Fall.

Richtungsänderungen – der Zügel zeigt dem Pferd den Weg

Soll das junge Pferd zum Beispiel linksherum gehen, so wird der innere (linke) Zügel weit vom Pferdekörper, also nach innen, abgespreizt gehalten. So wird dem Pferd mit leichtem Zupfen die Richtung, in die es gehen soll, gezeigt.

Der äußere (rechte) Zügel wird **ohne jeglichen Zug** und lediglich leicht vibrierend an den Hals gelegt oder aber, man muß es ausprobieren, gleichfalls vom Hals abgespreizt gehalten, jedoch mit etwas weniger Abstand. Die Zügel sollten tief, das heißt in Widerristhöhe liegen.

In der ersten Einreitphase muß mit dem jungen Pferd natürlich überwiegend geradeaus geritten werden. Dann sollten Sie in der aufgezeigten Zügelhaltung jedoch bald mit den weiten Wendungen, das heißt mit Zirkeln und Volten, beginnen. Anfangs nur halbe, dann ganze Zirkel und halbe Volten.

Diese vergrößern Sie dann (bei linksherum nach rechts außen) mit leichtem Druck des inneren (linken) Schenkels. Hierdurch lernt das Pferd schon frühzeitig und ohne überfordert zu werden, auf Ihren Schenkeldruck zu reagieren. Zu diesem Vergrößern der vorerst halben Volten müssen Sie auch Ihre Zügelführung ändern.

Jetzt wird der äußere (rechte) Zügel vom Pferd weit abgespreizt gehalten und zeigt dem Pferd den Weg zum Vergrö-

Hier zum Vergleich – Normalhaltung der Zügel.

Zügelhaltung beim jungen Pferd, zum Beispiel in der Volte.

ßern. Der innere (linke) Zügel sorgt weiterhin für eine leichte Stellung des Kopfes nach innen (links) und wird dabei entweder an den Hals des Pferdes oder eine Handbreit von ihm entfernt gehalten.

Die recht einfache und maulschonende Zügelhilfe für die Richtungsänderungen unterstützen Sie durch eine deutliche Drehung Ihrer Schultern in die Bewegungsrichtung. Das heißt, durch die Drehung Ihres Oberkörpers zeigen Sie dem Pferd rechtzeitig, also etwas voreilend, den Weg. So legen Sie bereits in den ersten Monaten des Einreitens den Grundstein für ein lebenslang äußerst feinfühlig auf Hilfen reagierendes Pferd.

Ein Banker würde es so ausdrücken: Größte Sorgfalt beim Einreiten Ihres Pferdes führt mit erheblicher Sicherheit zu einer hervorragenden Kapitalanlage mit hoher Verzinsung.

Frage: Warum sollte man beim Freizeitreiten nur bedingt einhändig reiten?

Claus Penquitt: Um korrekt einhändig reiten zu können, bedarf es sowohl eines

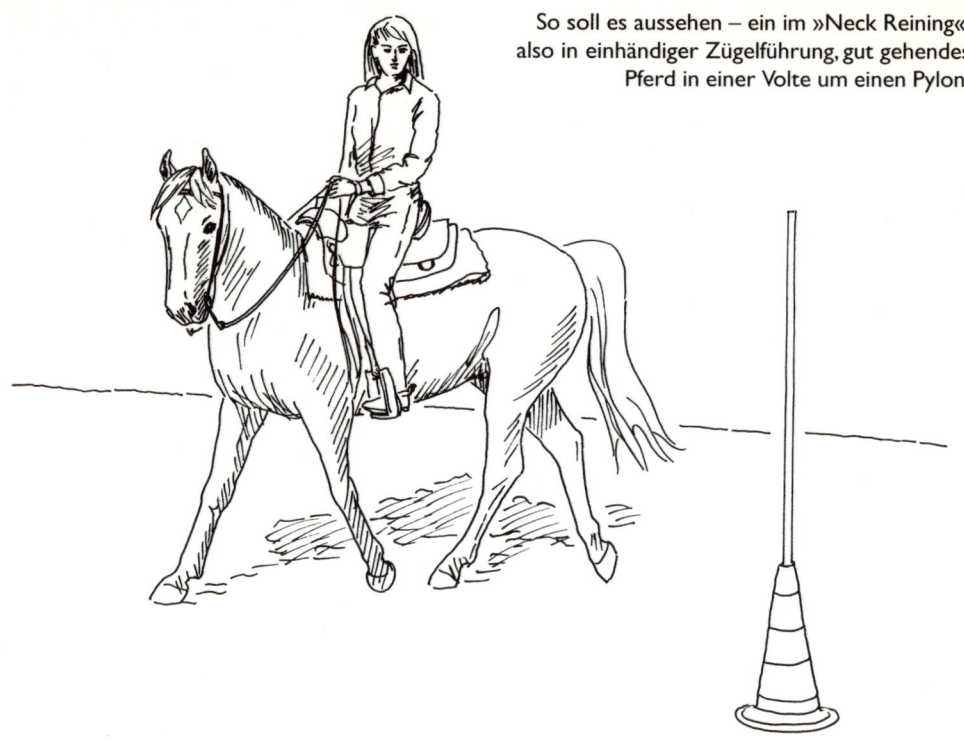

So soll es aussehen – ein im »Neck Reining«, also in einhändiger Zügelführung, gut gehendes Pferd in einer Volte um einen Pylon.

überdurchschnittlich guten Ausbildungsstandes des Pferdes als auch eines angemessenen reiterlichen Könnens.

Dies engt eigentlich den Personenkreis für ein Reiten in dieser Art erheblich ein. Dennoch ist einhändiges Reiten im Freizeitreiten üblich und im Westernreiten im allgemeinen bei Pferden ab einem bestimmten Lebensjahr sogar vorgeschrieben. Der Ausbildungsstand des Pferdes spielt hierbei keine Rolle. Leider, muß man sagen, denn allein dieser dürfte hierfür der Maßstab sein.

Einhändige Zügelführung heißt, im sogenannten »Neck Reining« zu reiten. Hierbei wird zu einer Richtungsänderung, gleich welcher Art, der jeweilige äußere Zügel mit entsprechendem Druck an den Hals des Pferdes gelegt. Diesem Druck, unterstützt durch Schenkel und Gewichtshilfen, soll das Pferd dann in die gewünschte Richtung weichen.

Das Pferd muß also sehr feinfühlig reagieren können. Ist dies nicht der Fall, ergibt es ein unschönes Bild. Um eine Wendung überhaupt zustande zu bringen, muß dann der äußere Zügel weit über den Pferdehals nach innen gezogen werden. Als Reaktion wird das Pferd seinen Kopf nach außen verdrehen und so in die Wendung gehen. Ein häßliches, aber leider häufig zu sehendes Bild.

Ein wirklich gut ausgebildetes und von seinem Reiter korrekt gerittenes Pferd

GEWICHTSHILFEN, ABER WIE? | 71

Und so nicht! Das Pferd ist nicht genügend gymnastiziert und entzieht sich der Biegung. Nun wird der äußere Zügel über den Widerrist gezogen. Das Ergebnis: ein unschönes, aber leider häufig zu sehendes Bild.

biegt sich durch geschicktes Handling auch bei einhändiger Zügelführung in jeder Gangart und in jeder Lektion nach innen. Es ist zwar ein seltener, aber ästhetisch schöner Anblick, solch ein Paar in strahlender Leichtigkeit, Eleganz und Harmonie zu erleben.

Frage: Bei den Gewichtshilfen soll es typische Fehler geben. Welche sind diese und warum?

Claus Penquitt: Haben Sie das instinktive Verhalten des Pferdes, stets im Gleichgewicht sein zu wollen, erkannt und wollen sich dieses zunutze machen, so besitzen Sie grundsätzliche Voraussetzungen für korrekte Gewichtshilfen beim Reiten.

Ihr Pferd möchte im Gleichgewicht mit Ihnen sein

Verlagern Sie Ihr Gewicht in einer Volte bei senkrecht bleibendem Oberkörper leicht nach außen, so wird die Volte größer werden.

Warum ist das so? Nun, das Pferd will dieses einseitige Übergewicht auffangen und tritt folglich zu dieser Seite hin. Es will dadurch das Gleichgewicht wiederherstellen und hat instinktiv nichts anderes getan als eine physikalische Gesetzmäßigkeit befolgt.

Nun hat nicht jeder den rechten Glauben, sich auch beim Reiten an physikalische Regeln halten zu müssen. So werden dann Gewichts-»Hilfen« gegeben, die ein Pferd eher behindern, als daß sie ihm helfen.

Hierzu einige Beispiele:

Das Pferd soll von links nach rechts traversieren. Hierzu muß es das äußere, also linke Beinpaar über das innere, rechte Beinpaar vorwärts-seitwärts kreuzen. Da die Bewegungsrichtung des Pferdes nach rechts verläuft, müssen Sie folglich auch Ihr Gewicht nach rechts, also in die Bewegungsrichtung verlagern. Dies tun Sie natürlich nur mit senkrecht gehaltenem Oberkörper.

So veranlassen Sie Ihr Pferd, dahin zu treten, wo das Übergewicht herrscht. Es will ja das Gleichgewicht mit der zu tragenden Last wieder herstellen. Nun tritt es zwangsläufig in die Bewegungsrichtung. Zumindest anfangs sollten Sie hierbei Ihre Absicht durch einen entsprechenden Druck des äußeren Schenkels unterstützen.

stung dem Pferd sehr zugute. Sie werden dies zur Belohnung auch bald durch ein ständig flüssiger werdendes Traversieren merken können.

Was aber geschieht, wenn das Körpergewicht fälschlich nach außen, also gegen die Bewegungsrichtung, verlagert wird? Hierzu gehört auch noch die nach außen abgeknickte Hüfte sowie der vom Pferd abgespreizte innere Schenkel. Durch diese Körperhaltung wird beabsichtigt, das Pferd in die Bewegungsrichtung zu **schieben**. Jetzt ist die Misere perfekt.

Obgleich sein äußeres Beinpaar nun ausdrücklich erschwerend belastet ist, wird das Pferd sich in diese Richtung schieben lassen. Es wird sich aber fehlbelastet und unwohl fühlen. Zwar kann es, wenn auch mühsam, vor dem Ungleichgewicht fliehen, aber nicht das Gleichgewicht wiederherstellen.

Im Travers oder einer Traversale korrekt zu gehen, ist allerdings bei solch einem Vorgehen nicht mehr möglich. Allenfalls wird den Reitern, die so verfahren, eine Volltraversale gelingen. Derart gravierende Fehler blockieren allerdings jegliche Möglichkeit für ein anspruchsvolleres Freizeitreiten.

Durch Gewichtsverlagerung das Pferd entlasten

Etwas sehr Wesentliches haben Sie mit Ihrer Gewichtsverlagerung zur Innenseite des Pferdes, also in die Bewegungsrichtung, gleichfalls erreicht. Sie entlasten das äußere Beinpaar des Pferdes. Wie bereits erklärt, muß dieses ja beim Traversieren das beschwerliche Vorwärts-seitwärts-Kreuzen über das innere Beinpaar bewerkstelligen. So kommt diese Entla-

Vornüberbeugen ist keine geeignete Gewichtshilfe

Beliebt ist auch das Vornüberbeugen des Oberkörpers als Beschleunigungshilfe. Tatsächlich wird das Pferd hierdurch schneller werden. Wer den Grund kennt, wird es schleunigst sein lassen. Es sei denn, ihn interessiert weder seine eigene Körperhaltung noch die bei solch einem Reiten auf Dauer schädliche Belastung der Vorderbeine des Pferdes.

GEWICHTSHILFEN, ABER WIE? | 73

Ein sehr häufig zu beobachtender Fehler: Die linke Hüfte ist eingeknickt und das rechte Bein abgespreizt. Der Reiter versucht, sein Pferd nach rechts in eine Traversale zu schieben.

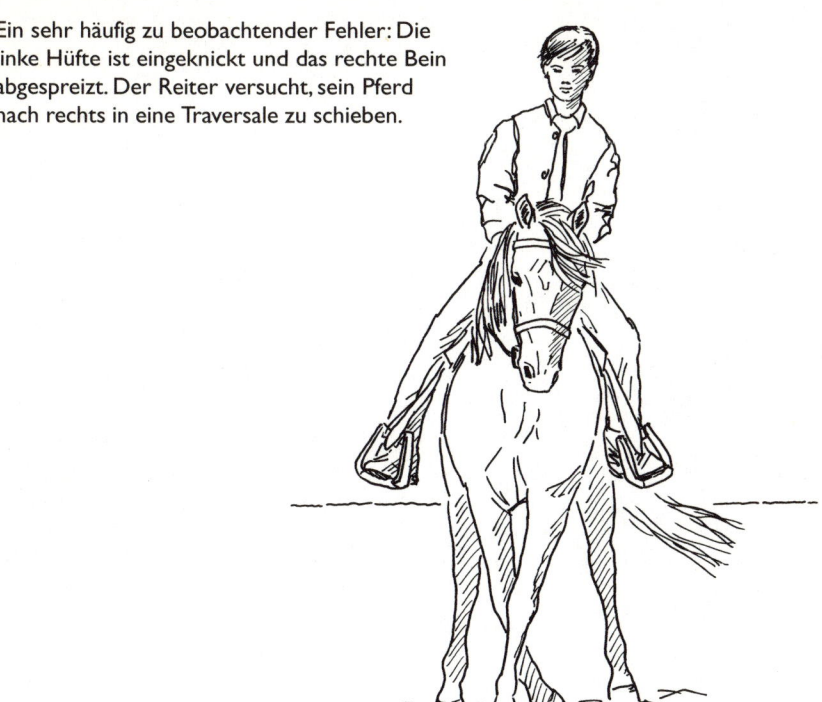

Wie auch im vorhergehenden Fall wird hier zu gedankenlos verfahren, obgleich man eigentlich doch nur das Beste für sein Pferd möchte.

Nun wird diese »Beschleunigungshilfe« nicht gleich eine körperliche Schädigung des Pferdes verursachen. Nur: Was geschieht bei dieser Art einer »treibenden Gewichtshilfe«? Das Gewicht wird auf die Vorderbeine verlagert. Dieser unangenehmen Mehrbelastung will sich das Pferd durch Weglaufen entziehen.

Nur kommt der Schub leider nicht von den Hinterbeinen. Kann er auch nicht, denn hierzu hätten Sie als treibende Hilfe Ihr Becken nach hinten abkippen müssen. Dies aber geht nicht, wenn Sie Ihren Oberkörper vornüber beugen. Auch in diesem Fall wird der Weg zum anspruchsvolleren Freizeitreiten durch eine unüberlegte falsche Gewichtshilfe verbaut.

Anhand dieser wenigen Beispiele können Sie bereits ermessen, wie wichtig die Anwendung gut durchdachter Gewichtshilfen ist. Sie konnten erkennen, daß ein Fehler bei der Hilfengebung unweigerlich andere nach sich zieht.

> Und noch eines:
> Eine unerläßliche Voraussetzung für wirksame Gewichtshilfen ist ein guter Sitz. Ohne diesen werden Sie sonst bei Ihrem Reiten in einer Sackgasse landen.

Fragen zu den Gangarten, zum Stoppen, zum Rückwärtstreten

Frage: Wann muß ich Schritt reiten und warum?

Claus Penquitt: Nur Filmcowboys schwingen sich auf das stundenlang wartende Pferd, um in vollem Galopp davonzurasen. – Da Sie Ihr Pferd etwas länger behalten wollen, muß jedes Reiten stets im Schritt begonnen werden.

Das Pferd braucht diese Schrittphase, um »warm« zu werden. Bevor eine volle Belastung schadlos möglich wird, müssen Muskeln, Sehnen und Gelenke behutsam gelöst bzw. gedehnt werden. Aber auch die stets erneute Gewöhnung an Ihr, wenn auch noch so geringes Gewicht spielt eine Rolle.

Warmreiten = Meditationszeit!

Hinzu kommt für Sie beide die psychische Einstimmung zum Reiten. Sie sollten abschalten von dem, was vorher war. Die Hetze des Tages, die vielleicht erforderliche Fahrt zum Pferd im häufig zermürbenden Straßenverkehr und dergleichen mehr.

All das sollte, bevor Sie vom Pferd etwas verlangen können, ruhig Schritt für Schritt abgebaut sein. Aber auch das Pferd braucht für seine Psyche einige Minuten zum »Umschalten«. Es soll sich in Ruhe auf die bald erforderliche Konzentration einstellen können.

Begonnen wird mit einer Platzrunde am hingegebenen Zügel. Dieser folgen Lockerungsübungen wie geschlängelte Linien und Volten. Alles noch nicht so genau verlangt und selbstverständlich am relativ langen Zügel geritten. Diese acht bis zehn Minuten nenne ich die Meditationszeit. Hier verdünnen sich die Alltagsdinge und das Hineinfreuen auf unser Zusammenspiel, auf das, was man landläufig Reiten nennt, beginnt.

Ein korrekter Schritt – er liegt in Ihrer Hand!

Im Schritt, diesem Viertakt, bei dem also kein Bein gleichzeitig mit einem anderen aufsetzt, aber ständig zwei bis drei Beine am Boden sind, läßt es sich gemütlich sitzen. Allerdings nur dann, wenn ein Pferd hierbei weder ständig stolpert noch zum Eilen, Trippeln, Zackeln oder Bummeln neigt.

Natürlich hat dies alles Ursachen. Wer zum Beispiel bei einem dreijährigen Pferd unbedingt und mit allen Mitteln die erwünschte Kopfhaltung erzwingen möchte, kann auf diese Weise eine der aufgezählten Störungen leicht bei seinem Pferd programmieren.

Zu Beginn des Reitens sind jeweils ein paar Minuten zum Umschalten der Psyche erforderlich. – Weg von Einengung und Streß des Alltags, hin zu entspannter Ruhe und Konzentration. Ich nenne sie die Meditationszeit.

Das Pferd braucht Zeit zum Lernen – der Schritt gibt sie ihm

Alles, was ein Pferd an Lektionen erlernen soll, muß erst im Schritt geübt werden. Einmal, weil es dem Pferd so leichter fällt, zum anderen, weil es sich die Übungen ja auch einprägen soll. Hierzu braucht das Pferd Zeit, und der Schritt gibt sie ihm. So kann die Software ins Gehirn fließen, und dies im wahrsten Sinne des Wortes: Schritt für Schritt.

Frage: Trab oder Jog, was ist der Unterschied?

Claus Penquitt: Der Jog, ein Import aus Amerika, ist in der hier gelehrten Art nichts anderes als ein extrem langsamer Trab. Die Cowboys brauchten ihn für ihre spezielle Arbeit, denn Traben im normalen Tempo war hierbei zu schnell und der Schritt wiederum zu langsam. Der Jog, so wurde dieser langsame Trab dann genannt, ist also keineswegs, wie viele vermuten, eine besondere Gangart.

Im Jog läßt es sich bequem sitzen. Dies ist vor allem bei Pferden angenehm, die bereits im sogenannten »Arbeitstempo« des Trabes Schwierigkeiten beim Aussitzen bereiten. Oder aber für Reiter, denen eigentlich ein Gymnastikkurs zur besseren Anpassung an die Schwingungen ihres Pferdes nötig täte.

Im Jog können Sie lange Strecken bewältigen, ohne Gesäß und Rücken übermäßig zu strapazieren. Auch das Pferd wird weitaus länger munter bleiben. Daher kann man im Jog auch lange Strecken ausgesessen reiten, einfach nur zum Spaß.

Der Jog macht vieles leichter

Durch den Jog kann das Reiten eine neue Dimension erhalten. So zum Beispiel beim Reiten von gymnastizierenden Lektionen. Bei Pferden, die es einem schwer machen, im Trab auszusitzen, ist der Jog die beste Alternative. So können Sie sich endlich auf das Reiten der jeweiligen Lektion voll konzentrieren, anstatt ständig darauf bedacht zu sein, nicht aus dem Sattel gehoben zu werden.

Wer den Jog erst einmal seinem Pferd beigebracht hat, wird ohne ihn nicht mehr auskommen wollen. Und wer konsequent vorgeht, hat hierbei keine besonderen Schwierigkeiten. Zum Übergang vom Schritt in den Jog sollten Sie sehr zarte Hilfen geben, auch wenn das Pferd dadurch anfangs etwas zögerlich seine Gangart wechselt.

Sobald es aber im Jog geht, müssen Sie sofort auf der Hut sein, daß das langsame Tempo auch erhalten bleibt. Gegebenenfalls sind die Zügel für einen **kurzen** Augenblick zu verkürzen. Auch sollten Sie anfangs sehr passiv sitzen. Zu stark

Schneller als Schritt, langsamer als Trab, das Arbeitstempo der Cowboys – der Jog.

schwingende Bewegungen Ihres Beckens haben eine treibende Wirkung. Diese wiederum brauchen Sie in dem Moment, wenn das Pferd wieder in den Schritt fallen will. Sie müssen lernen, es vorauszuahnen.

Dem Pferd den Jog beizubringen, besteht also anfangs aus einem ständigen Wechselspiel von mehr oder weniger zartem Zurückhalten des Pferdes und einer blitzschnellen, wohldosiert treibenden Hilfe, um vorausahnend zu verhindern, daß das Pferd in den Schritt fällt. Hat es erst einmal begriffen, in welchem neuen Tempo Sie traben wollen, wird es nicht mehr lange dauern und Sie können den Jog voll genießen.

Frage: Ist der Jog ein Schwungkiller?

Claus Penquitt: So wie er im Westernturniersport praktiziert wird, kann sich der Jog auf Dauer sehr wohl als Schwungkiller auswirken. Ihre Sorge ist somit berechtigt. Und wer nicht aufpaßt, muß damit rechnen, daß sein Pferd in absehbarer Zeit zu »schlurfen« anfängt.

Wer in der Western-Pleasure, so nennt sich die Gangartenprüfung im Western-Turnierreiten, die Pferde im Jog gehen sieht, dem können allerdings Gedanken in der erwähnten Richtung kommen. Und Sprüche wie: »Die gehen ja, als sollten sie zur Beerdigung«, gemeint sind die Pferde, oder aber: »Wie schlurfen die denn?«, sind von Zuschauern zu deutlich zu hören, um überhört zu werden. Das liegt aber nur bedingt an den Teilnehmern dieser Disziplin.

Es ist das Reglement, welches als Idealvorstellung ansieht, daß beim Pleasurehorse Genick, Widerrist und Kruppe eine gerade Linie bilden sollen. Und so laufen sie dann auch. Schwungvoll elastisch federnd und unter ihr Gewicht tretend wirken sie in dieser Haltung allerdings nicht. Und wer sich hierüber Gedanken macht, dem muß zugestimmt werden.

Der Jog macht Seitengänge zum Vergnügen

Deshalb brauchen Sie aber nicht auf den so praktischen Jog zu verzichten. Ist er doch nicht mehr als ein Trab, der aber im Jogtempo einen hervorragenden Sitz ermöglicht. Und gegen das »Schlurfen« gibt es, wie Sie gleich sehen werden, genügend praktische Mittel. Wie an anderer Stelle bereits gesagt (siehe S. 75), macht der Jog aber auch vielen erst möglich, die zur Gymnastizierung erforderlichen Lektionen, die Ihr Pferd im Schritt erlernt hat, nun auch im Zweitakt beibringen zu können. Jetzt erst erhalten die Volten und Seitengänge wie Schulterherein, Travers, Traversalen und dergleichen die volle gymnastizierende Wirkung.

Der Jog macht möglich, was im Trabtempo für Reiter und Pferd erheblich mehr Schwierigkeiten bereiten könnte. Nun werden Sie gleich zwei Dinge erreichen: zum einen wesentlich leichter als im Trabtempo Ihrem Pferd die im Schritt erlernten Seitengänge beizubringen. Zum anderen können Sie durch das Reiten von Seitengängen im Jog in hervorragendem Maße der Gefahr des sich möglicherweise einschleichenden »Schlurfens« Ihres Pferdes entgegenwirken.

Zusätzlich wirkt eine ab und zu mal sehr flott gerittene kurze Trabreprise für

Im Jog reiten heißt, ruhig und bequem sitzen. Deshalb bringt man den Pferden die Seitengänge besser auch im Jog als im Trab bei.

Pferd und Reiter äußerst erfrischend. Natürlich ausgesessen! So geritten können Sie beweisen, ob Sie den von mir an anderer Stelle (siehe S. 51) beschriebenen Sitz schon beherrschen und in gut gymnastizierter Form sind. Und das Pferd kann zeigen, daß es seine Beine sehr wohl vom Boden abheben kann.

Bei einem derart interessant aufgelockerten und pferdegerechten Programm können Sie vergnüglich mit Schwung und Pep sowohl auf dem Reitplatz in schönsten Lektionen als auch im Gelände Ihre Erholung finden. Und diese natürlich überwiegend im Jog.

Frage: Wie kann ich den Galopp besser aussitzen?

Claus Penquitt: Nur wenn Sie im Renngalopp durch die Landschaft flitzen wollen, sollten Sie vornüber gebeugt, das heißt im Jagdsitz, reiten. Gesünder für Ihr Pferd, und für Sie zusätzlich ungleich bequemer, wäre es aber, im Sattel zu bleiben, also aussitzend die Landschaft im gesetzten Galopp zu genießen. Und Aussitzen müssen Sie ohnehin, wenn Sie im Galopp mehr machen wollen, als ständig »geradeaus« zu reiten.

Im Galopp feiert die Schwungkraft Triumphe. Hier sind die auftretenden Schwingungen größer und wesentlich länger als im Trab. Die Sprünge, aus denen der Galopp besteht, erzeugen Auf-

und Abschwünge. Der Aufschwung befördert Sie recht flott nach oben. Oftmals flotter und vor allem höher, als es Ihnen recht sein könnte. Während Sie nämlich noch weiterhin nach oben streben, hat aber schon längst der Abschwung begonnen.

Zieht Sie dann in einem ungewollten Abstand vom Sattel endlich die Schwerkraft wieder nach unten, so kommt durch den erneuten Aufschwung des Pferdes der Sattel Ihrem Gesäß bereits wieder entgegen. Diese recht energische »Wiedervereinigung« kann auf Dauer zu schmerzlichen Disharmonien führen. Natürlich sollen und können Sie hiergegen etwas unternehmen. Vorher muß

In aufrechter Haltung den Galopp weich auszusitzen ist schonend für die Pferdebeine und macht es möglich, die Landschaft unterwegs zu genießen.

aber noch ein anderes Hindernis angesprochen werden.

Geben Sie acht – der Galopp macht Sie zum Pumpenschwengel

Bedingt durch die Fußfolge, ergibt sich beim Galopp im Normalfall ein Dreitakt. Da sich der Galopp aus einzelnen Sprüngen zusammensetzt, hebt sich hierbei das Pferd im Wechsel vorn und hinten. Es bewegt sich also in einer Schaukelbewegung. Je nach Veranlagung des Pferdes kann diese sanfter oder ausgeprägter sein.

Aber wie auch immer, diese Schaukelbewegung wird Ihren Oberkörper wie einen Pumpenschwengel nach vorn und nach hinten pendeln lassen. Natürlich nur dann, wenn Sie es zulassen. Unterneh-

men Sie hiergegen nichts, dann wird es Ihnen um so schwerer fallen, das vorher geschilderte Hochgeworfenwerden abstellen zu können.

Diese recht langen Erläuterungen sind vor der eigentlichen Beantwortung der Frage erforderlich. Denn nur wer die Zusammenhänge kennt, kann hieraus seine Schlüsse ziehen und entsprechend reagieren. Das, was Sie tun müssen, ist allerdings verblüffend einfach. Es wird Sie erstaunen, wie es auch schon Generationen meiner Schülerinnen und Schüler tat und wohl auch weiterhin tun wird.

Fest im Sattel sitzend mitschwingen

Die Grundvoraussetzung für einen ruhigen und in jeder Situation fest mit dem Sattel verbundenen Sitz ist ein ständig aufrecht gehaltener Oberkörper. Dies wird Ihnen durch ein dynamisch nach hinten abkippendes Becken, wie es auf Seite 49 eingehend beschrieben ist, auch ohne weiteres gelingen.

> Dynamisch heißt hier, daß bei aufrecht gehaltenem Oberkörper das Becken, dem Rhythmus der Schwingungen des Pferdes angepaßt, nach hinten abkippend mitschwingt.

Dies ist nach einiger Übung einfacher, als es sich anhört. Dem Hochgeworfenwerden können Sie sehr leicht entkommen. Immer dann, wenn die Schwungkraft Sie nach oben befördern will, lassen Sie sich nicht hochtragen, sondern weichen Sie vorher aus.

Sie kommen diesem Rhythmus aus eigener Kraft zuvor. Steuern können Sie dies durch ein taktgenaues kurzes und unbedingt senkrechtes Abstützen in den Steigbügeln bei gleichso gehaltenem Oberkörper. Trotz aller im Galopp auftretenden Schwingungen und der von Ihnen hierzu erforderlichen Anpassungsmaßnahmen müssen Sie hierauf peinlich genau achten.

Nun kommen Sie nicht mehr höher als gewollt hinaus und behalten ständigen Kontakt mit dem Sattel. Verfahren Sie in dieser Art so lange, bis Sie den richtigen Rhythmus gefunden haben und die richtige Körperhaltung keine Schwierigkeiten mehr bereitet.

Es wird nicht lange dauern, und man wird Ihre auffallend gerade, ruhige, elegant wirkende und den Schwingungen des Pferdes angepaßte Körperhaltung bewundern. Sie werden spüren, daß Ihr Pferd im Galopp ruhiger und ausgeglichener wird. Keine ungewollte Schwingung geht mehr von Ihnen aus, die Ihr Pferd stören könnte.

Frage: Ab wann reite ich mein Pferd im Galopp?

Claus Penquitt: Sicherlich ist hier gemeint, zu welchem Zeitpunkt Sie im Rahmen der Ausbildung des Pferdes mit dem Galopp beginnen können oder sollen.

Obgleich es selbstverständlich sein sollte, daß das Pferd im genügenden Umfang auf den Galopp vorbereitet werden muß, machen sich viele hierüber kaum Gedanken. Auch bei den Freizeitreitern bestehen hierzu erhebliche Defizite an entsprechendem Wissen.

Länger warten – längere Lebenserwartung für das Pferd

Bei François Robichon de la Guérinière durfte kein Pferd im Galopp geritten werden, bevor es nicht die Seitengänge der altklassischen Reitkunst korrekt und fließend im Trab beherrschte. Er ging sogar so weit, daß er im Ausbildungsablauf das Erlernen der Piaffe und Passage vor dem Galopp forderte.

Von solch einem hohen Standard können wir heute nur träumen. Zumindest aber machen Guérinières Forderungen deutlich, welch hohen Stellenwert seinerzeit der Galopp hatte. Unsere Zeit hingegen wird in dieser Hinsicht kein besonderes Ruhmesblatt in der Geschichte des Reitens werden können.

Ist es doch schon in verschiedenen Kreisen gang und gäbe, daß bereits knapp zweijährige Pferde ausgebildet werden und teilweise sogar schon in speziellen Lektionen galoppieren müssen. Die Lebenserwartung dieser bedauernswerten Pferde beträgt allerdings kaum noch mehr als ein Viertel der zu Zeiten Guérinières üblichen.

Mein Shagya-Araber Watani 12 beherrschte bereits sämtliche Seitengänge, ehe mit dem Galopp begonnen wurde. Als Sechsjähriger durfte er mit mir das erste Mal im gestreckten Galopp abziehen. Dafür aber ist er mit zwanzig immer noch von Kopf bis Huf kerngesund und genauso verspielt wie seinerzeit als »Halbstarker«. **Das Warten hat sich gelohnt!**

Die Piaffe – bei de la Guérinière stand sie im Ausbildungsablauf noch vor dem Galopp (nach einem Gemälde von Charles Parrocel).

Frage: Wie bringe ich meinem Pferd das Stoppen bei?

Claus Penquitt: Hier geht es nicht um den Sliding-Stop, der nur im Western-Turniersport einen Sinn macht. Gemeint ist vielmehr das konsequente Anhalten. Wer reitet, muß auch anhalten, also stoppen können. Dies ist logisch und vermeintlich einfach. Allerdings muß es auch für das Pferd einleuchtend sein.

Am einfachsten wäre es, so lange und intensiv an den Zügeln zu ziehen, bis das Pferd anhält. Nur werden Sie bald stärker und länger an den Zügeln ziehen müssen. Das Pferd wird einen immer längeren Weg in Anspruch nehmen, ehe es sich zum Anhalten bequemt. Ein allzuhäufig zu beobachtender Vorgang.

Was wird hier falsch gemacht? Nun, wieder muß man zum richtigen Handeln mit Pferden denken, um Pferde zu lenken.

Bieten Sie Ihrem Pferd eine »drucklose« Belohnung an

So nehmen Sie sich vor, an einem bestimmten Punkt konsequent anhalten zu wollen. An dieser Stelle verkürzen Sie die Zügel so stark und so lange, bis das Pferd anhält. Dann müssen Sie im Bruchteil

In der Lernphase sollen die Zügel sofort nach dem Stop zur Entlastung des Pferdemauls nach vorne schnellen. Das macht dem Pferd den Stop schmackhaft.

dieser Sekunde blitzschnell die Zügel nach vorn schnellen lassen. Der durch den konsequenten intensiven Zügelzug entstandene äußerst unangenehme Druck im Pferdemaul ist nun sehr plötzlich weg.

Spätestens beim vierten oder fünften Mal wird das Pferd diesen Vorgang im erwünschten Zusammenhang erkennen und gerne stoppen wollen. Nun sollten Sie ihm unbedingt mittels Ihrer Stimme eine Vorwarnung zum Reagieren geben, ehe der Zügeldruck zum konsequenten Anhalten einsetzt. Das Pferd wird sich diese Abfolge merken, so daß die Zügelhilfen immer mehr reduziert werden können.

Treibende Hilfen – zum Stoppen unerläßlich

Als weitere Hilfe zum korrekten Stop ist ein bereits beschriebenes, intensives und schnelles Abkippen Ihres Beckens erforderlich. Später kommt noch ein kurzer, aber gleichmäßiger Druck beider Unterschenkel hinzu. In Verbindung mit dem plötzlichen und verstärkten Abkippen des Beckens bedeutet dies für das Pferd eine kräftig treibende Hilfe.

Dadurch wird es zum weiten Untertreten mit seinen Hinterbeinen unter den Körper veranlaßt. Es wird hinten tiefer, und die Vorderbeine werden entlastet. So wird das konsequente Anhalten, der Stop für das Pferd eine schonende Angelegenheit, und nur so darf es auch sein.

Dank Ihrer Konsequenz wird neben den genannten Hilfen bald nur noch das völlig zuglose, leichte Anheben der Zügel genügen, um Ihr Pferd an jeder beliebigen Stelle zum sofortigen, aber schonenden Stop zu bringen.

Frage: Hat das Rückwärtstreten einen Ausbildungseffekt für mein Pferd?

Claus Penquitt: Auch das Rückwärtstreten dient dem anspruchsvollen Freizeitreiter als ein nützliches Element auf dem Weg zum feinen und sensiblen Reiten. Die Art und Weise, wie sich ein Pferd hierbei verhält, ist als Gradmesser für einen bestimmten Ausbildungsstand anzusehen.

So etwa könnte man das Rückwärtstreten in seinem Nutzen kurz und bündig umschreiben. Die an das Pferd für das Rückwärtstreten zu stellenden Ansprüche sind aber erstaunlich umfangreich.

Wer den untenstehenden Anforderungen mit seinem Pferd entsprechen kann,

---

So soll das Pferd rückwärts treten:
- mühelos schwingend und nicht schlurfend seine Beine bewegen,
- die Gelenke seiner Hinterbeine gut anwinkeln und dadurch die Kruppe absinken lassen,
- im Genick elastisch nachgeben und weich dem leicht vibrierenden Zügel gehorchen,
- auf keinen Fall mit hohem Kopf vor den Hilfen flüchten,
- sich in gerader Linie ruhig Schritt für Schritt und ohne besonderen Zügeleinsatz bewegen.

weiß, was hier gefordert wird. Wollen Sie anfangen, das Rückwärtstreten zu üben, dann sollten Sie vorerst sehr bescheiden sein. So genügen anfangs ein bis zwei Schritte. Erst wenn Sie merken, daß das Pferd willig in gewünschter Form mitmacht, kommen weitere Schritte hinzu.

Zum Rückwärtstreten vorwärts treiben

Zum Rückwärtstreten geben Sie dem Pferd die gleichen Hilfen wie zum Stop. Nur müssen Sie die Zügel auch nach dem Anhalten weiterhin verkürzt lassen, so daß das Pferd nicht erst eine Ruhestellung einnehmen kann.

Nein, im Gegenteil. Es soll sich weiterhin bewegen, nur nicht vorwärts, sondern rückwärts. Daher soll auch das für den Stop nach hinten abgekippte Becken noch für einen Augenblick so bleiben. Zusammen mit den gleichfalls angelegt bleibenden Unterschenkeln fühlt sich nun das Pferd gegen die anstehenden Zügel getrieben.

Da es durch seine Ausbildung einen solchen Vorgang nicht gewohnt ist, wird es nun nach hinten ausweichen, also rückwärts gehen. Das Pferd wird somit nicht, wie allzuhäufig beobachtet werden kann, durch ein Zerren an den Zügeln rückwärts getrieben. Funktionieren wird das problemlose Rückwärtstreten aber erst, wenn das Pferd auf die bereits beschrie-

Bei korrekter Ausbildung geht das Pferd auch ohne den üblichen Gebißdruck im Maul willig rückwärts.

RÜCKWÄRTSTRETEN, ABER WIE?

benen Hilfen zum Stop in leichtester Form reagiert. Und vergessen Sie nicht, wie nach jeder anderen Lektion, Ihr Pferd zu loben und in diesem Fall auch mit einem Leckerli zu belohnen.

Frage: Mein Pferd will absolut nicht rückwärts gehen. Was kann ich tun?

Claus Penquitt: Davon ausgehend, daß Sie Ihr Pferd bereits reiten, sollten Sie nicht weiter am Zügel ziehen, um die in den Boden gestemmten Beine zum Abheben für das Rückwärtsgehen zu bewegen. Derartige Bemühungen sind überwiegend hoffnungslos, da das Pferd in den meisten Fällen nicht weiß, was es eigentlich machen soll.

Bodenarbeit kann Wunder wirken

Absteigen und Versäumtes nachholen ist hier der einzig gangbare Weg. Gemeint ist das Schulen des Pferdes vom Boden aus. Wie wertvoll das sein kann und welche Resultate hierdurch erzielt werden können, wurde bereits an anderer Stelle des Buches (siehe S.25) angesprochen. Wollen Sie sich aber ausführlich informieren, so sollten Sie in das Buch »Nathalie Penquitts Pferdeschule« schauen.

Für Ihr jetzt anstehendes Vorhaben, Ihrem Pferd das Rückwärtstreten beizubringen, legen Sie sich zwei etwa vier Meter lange Stangen in einem Abstand von einem Meter parallel zueinander auf einen ebenen Boden. Noch besser wäre es, an einer Seite eine Eingrenzung zu ha-

Ein Pferd, das unter dem Reiter das Rückwärtstreten verweigert, lernt es am besten vom Boden aus, zum Beispiel in einem Stangengang. Im Normalfall sollte diese Bodenschulung vor der Reitausbildung erfolgen.

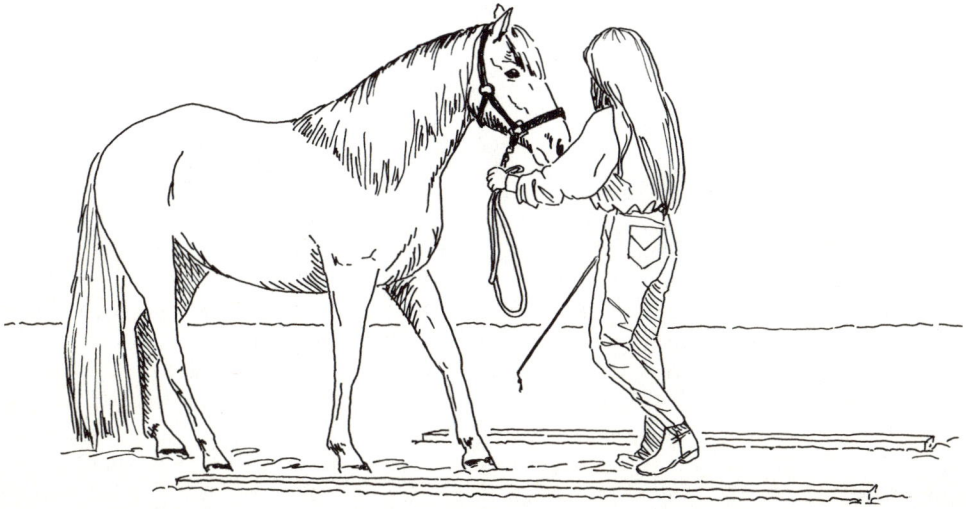

ben. So hat das Pferd, zumindest zu dieser Seite hin, keine Möglichkeit auszuweichen.

Nun führen Sie das Pferd langsam und absolut ruhig etwa einen Meter weit in diesen »Gang« hinein. Dann üben Sie einen rückwärtigen Zug auf das mit Halfter oder Kappzaum geführte Pferd aus. Sagen Sie ihm hierbei etwas, was Sie auch später als Aufforderung zum Rückwärtsgehen sagen wollen. Das Pferd, das sich durch den Stangengang eingeengt fühlt, wird gern bereit sein, da wieder herauszukommen.

Nach großem Loben und Belohnen mit einem Leckerli wird so wiederholt verfahren. Dann trauen Sie sich etwas weiter in den Stangengang hinein. Bald wird das Pferd das Rückwärtsgehen fast von selbst und nur noch von Ihrer Stimme unterstützt unternehmen. Nun sollte sich eine Hilfsperson auf das Pferd setzen und mit ihm unter gleicher Anleitung von Ihnen aus dem Stangengang rückwärts herausmarschieren.

Dem Pferd auf diese Art etwas beizubringen, mag aufwendig erscheinen. Für das Pferd aber mit Sicherheit der bessere Weg und, ganzheitlich gesehen, sicherlich der schnellste.

Frage: Mein Pferd stürmt unkontrollierbar rückwärts. Was kann ich hiergegen tun?

Claus Penquitt: Vielleicht machen auch Sie den häufig zu beobachtenden Fehler und beugen sich zum Rückwärtstreten Ihres Pferdes weit nach vorne über (siehe auch S. 72). Hierzu gibt es keinen vernünftigen Grund, aber viele Gründe dagegen. Daß beim Rückwärtstreten des Pferdes sein Rücken entlastet werden müßte, ist meines Erachtens kein überzeugendes Argument hierfür.

Da das Pferd aber den ersten Rückwärtsschritt mit einem Hinterbein beginnt, sollten Sie für diesen Augenblick nicht schwer einsitzen, sondern erforderlichenfalls etwas entlastend in die Bügel treten. Danach hat Ihre Körperhaltung wieder der zum Vorwärtsreiten zu entsprechen.

Da gab es einen alten Reitmeister, der gerne mal eine Reitbahnrunde lang sein Pferd im »Rückwärtsgang« traben ließ. Wie hätte der es wohl mit vornüber gebeugtem Körper schaffen können? Auch rückwärts geht's doch nur im korrekt ausgesessenen Sitz. Wie sonst sollte man wohl dem Pferd die richtigen Hilfen geben?

Natürlich können Sie auch mit völlig unlogischen Manipulationen Ihr Pferd zu bestimmten Handlungen veranlassen. Allerdings müssen Sie dann auch damit rechnen, irgendwann in Schwierigkeiten zu kommen und mit solch einem Reiten in einer Sackgasse zu landen.

Der schnelle Weg zum »Stangensalat«

Sie beugen also Ihren Oberkörper bei gleichzeitigem kräftigem Zug am Zügel nach vorn, und Ihr Pferd lernt hierdurch, rückwärts zu gehen. Nur oftmals leider zu schnell und weiter, als Sie es wünschen. Bei einer Geschicklichkeitsübung kann Ihnen das zum Verhängnis werden. Hastet das Pferd im Stangengang unaufhaltsam rückwärts und soll dann im rechten Winkel um die Ecke gehen, so gibt es

RÜCKWÄRTSTRETEN, ABER WIE? | 87

So kann das Ergebnis einer Geschicklichkeitsübung aussehen, wenn sich das Pferd durch ungewolltes Rückwärtsrennen der Einwirkung des Reiters entzieht. Spätestens jetzt sollte nachgedacht werden, was vorher falsch gemacht wurde.

unausweichlich den oft gesehenen Stangensalat.

Nein, so bitte nicht! Es geht auch anders. Bei senkrecht gehaltenem Oberkörper und etwas angelegten Unterschenkeln wird an den leicht durchhängenden Zügeln etwas »geklingelt«. Das Pferd achtet auf jeden einzelnen rückwärts zu gehenden Schritt. Ein Signal durch ein plötzlich verstärkt abgekipptes Becken läßt auch sein gerade abgefußtes Bein in der Luft verharren. So soll es sein!

Vornüberbeugen bringt Schwierigkeiten

Und noch etwas: Wer seinem Pferd beigebracht hat, auf den vornüber gebeugten Oberkörper mit Rückwärtsgehen zu reagieren, kann in verzwickten Situationen in zusätzliche Schwierigkeiten geraten. Dies ist sehr lehrreich bei meinen Kursteilnehmern zu beobachten.

Will ein Pferd, aus welchen Gründen auch immer, sich einer Lektion oder Geschicklichkeitsübung entziehen, so zeigt es oftmals allerlei Unwilligkeitsreaktionen. Sehr häufig gehört hierzu das Rückwärtsgehen. In dieser vermeintlich oder auch tatsächlich schwierigen Situation nimmt mindestens jeder zweite Kursteilnehmer eine reflexhafte Sicherheitshaltung ein, indem er sich vornüber beugt.

Das Pferd wird hierdurch aber kaum in seinem oft panikartigen Rückwärtsgang zu bremsen sein. Noch schwieriger wird es dann bei den Pferden, die gelernt haben, auf diese Körperhaltung mit Rückwärtsgehen zu reagieren. Im Gelände kann solch eine Situation dann in einem Graben ihr unangenehmes Ende finden.

So werden auch Sie zu dem Schluß finden, daß Körperhaltung und Hilfen nicht beliebig sein können. Hier handelt es sich vielmehr um Ganzheitliches. Etwas, das auf physikalischen und anatomischen Gesetzen sowie dem Verstehen der Psyche des Pferdes basiert. Auch zieht sich diese Erkenntnis wie ein roter Faden durch das, was die Reitmeister vieler Jahrhunderte uns an Wissen überlassen haben.

Fragen zum Biegen und Beugen des Pferdes

Frage: Brauchen auch Freizeitpferde Versammlung?

Claus Penquitt: Allein die Fragestellung macht deutlich, wie wenig Wissen über den Begriff »Versammlung« auch in Freizeitreiterkreisen vorhanden ist. Sowohl die Häufigkeit dieser Frage als auch die hierfür vorgebrachten Begründungen können dies nur bestätigen.

So meinte eine Fragestellerin, sie wolle gerne auf die Versammlung ihres Pferdes verzichten, um dem Pferd die hiermit verbundene Tortur zu ersparen. Natürlich ist für solche Fragesteller Verständnis angebracht, wenn ihnen zum Beispiel empfohlen wird, daß zur Versammlung des Pferdes der Kopf mittels Zügelzug und Schenkeldruck unter allen Umständen gesenkt werden muß.

Versammlung – aber nicht durch Zügeleinwirkung

Offensichtlich ist die Ansicht, daß zum Erreichen der Versammlung des Pferdes die Zügeleinwirkung am wichtigsten sei, noch immer nicht ausgeräumt. So wird Ratsuchenden nach wie vor empfohlen, falls eine »Beizäumung« als Mittel zur Versammlung nicht zu schaffen sei, dies doch mit Hilfszügeln, die eine kraftverstärkende Übersetzung haben, zu versuchen.

In einer Fachzeitschrift für eine spezielle Freizeitreitweise wurde vom Verfasser eines Beitrages zur Versammlung empfohlen, doch das Pferd hierzu in eine Ecke zu stellen, um es an einem möglichen Zurückweichen beim Anziehen der Zügel zu hindern. – Hierzu bedarf es wohl keiner Stellungnahme.

> Selbstverständlich kann die Versammlung des Pferdes nicht durch irgendwelche Manipulationen »gemacht« werden. Sie stellt sich vielmehr als Ergebnis eines langen Prozesses durch ein großes Mosaik vielfältiger gymnastizierender Maßnahmen irgendwann ein.

Versammlung – nur mit Hankenbug

Ein in Versammlung gehendes Pferd tritt vermehrt mit den Hinterbeinen unter seinen Körper und entlastet so die Vorderbeine. Hüft-, Knie- und Sprunggelenke verändern ihre Winkelstellung, sie beugen sich – man nennt dies **Hankenbug**. Das Pferd wird hinten tiefer, der Rücken

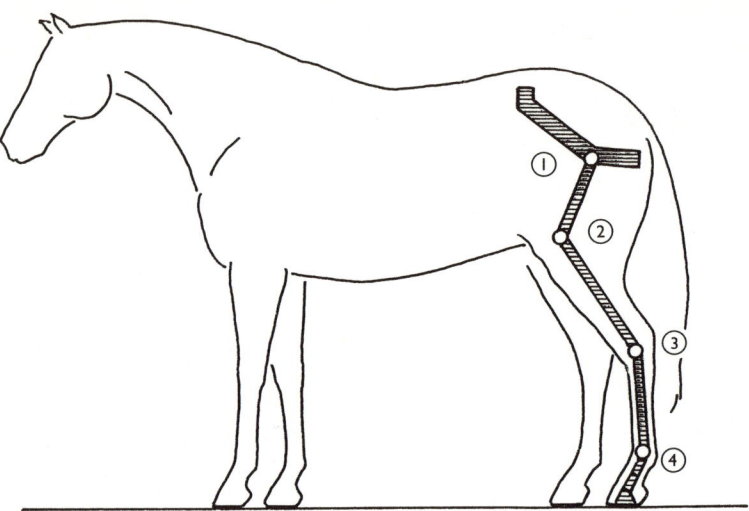

Oben: Auf die Winkelung dieser Gelenke kommt es beim Hankenbug an: ① Hüftgelenk, ② Kniegelenk, ③ Sprunggelenk, ④ Fesselgelenk. Unten: Hüft-, Knie- und Sprunggelenk sind in dieser Darstellung eines galoppierenden Pferdes gut gewinkelt. Das Pferd ist hinten deutlich tiefer gestellt und entlastet durch diesen »Hankenbug« seine empfindlicheren Vorderbeine.

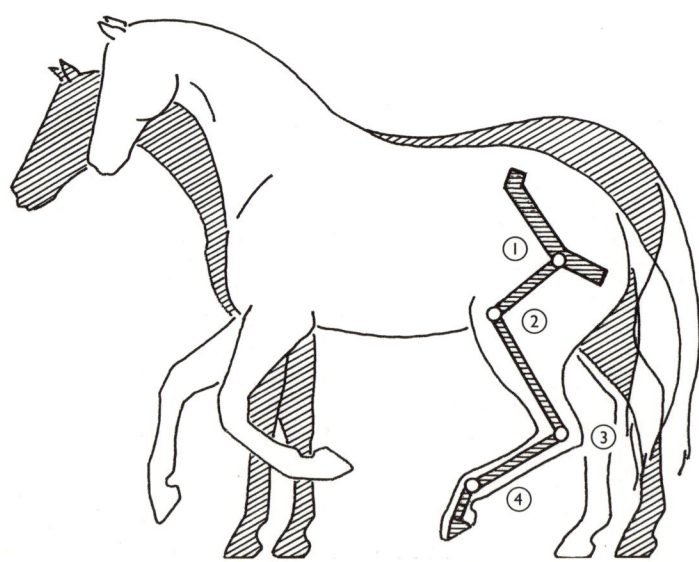

strafft sich federnd, der Hals richtet sich in einem feinen Bogen auf, wobei der Kopf sich mit seiner Nasenlinie der Senkrechten nähert.

Pferde mit solch einer Gymnastizierung werden bei entsprechender Haltung mit viel Luft, Licht und Auslauf bis ins hohe Alter kerngesund und psychisch ausgeglichen bleiben. Sie fallen durch elastischen Schwung bei schöner Körperhaltung und einem harmonischen Einklang mit ihrem Reiter besonders auf.

So etwa stelle ich mir Freizeitpferde vor, und ich hoffe, Sie auch. Und damit ist wohl die Frage, ob auch Freizeitpferde das brauchen, was unter Versammlung zu verstehen ist, hoffentlich für Sie überzeugend beantwortet.

Frage: Sind Seitengänge für das Freizeitreiten sinnvoll?

Claus Penquitt: In diesem Buch wird verschiedentlich über die unerläßliche Gymnastizierung des Freizeitpferdes gesprochen. Hauptsächlich geht es hierbei um das Biegen und Beugen des Pferdes. Sinnvoller, als hierzu die Seitengänge mit einzusetzen, können gymnastizierende Lektionen wohl kaum sein. Sind doch die Seitengänge als die »Hohe Schule« der Biegung und Beugung des Pferdes anzusehen.

Seitengänge – Naturheilmittel für die Psyche!

Mit den Lektionen der Seitengänge eröffnen sich Möglichkeiten der positiven physischen und psychischen Veränderung eines Pferdes in einer kaum vorstellbaren Dimension. Hierauf kann und darf ein Freizeitreiter eigentlich nicht verzichten. Schon manches kaum noch reitbare Pferd erlebte durch umsichtiges Erlernen der Seitengänge ein völlig neues Gefühl beim Gerittenwerden.

Das Pferd wird in einer anderen Art als sonst beim Reiten gefordert. Hier ist seine volle Konzentration gefragt. Bald bleibt dem Pferd keine Zeit mehr, sich an Unangenehmes zu erinnern und wie sonst entsprechend zu reagieren. Im Gegenteil, jetzt wird Eifer erweckt. Vorausgesetzt, Sie überfordern Ihr Pferd nicht und sind mit Belohnungen großzügig.

Seitengänge – neue Perspektiven auch für den Reiter

Die vielseitigen Anforderungen an Pferd **und Reiter** beim Erlernen der Seitengänge machen das Reiten also besonders interessant. Schon der kleinste Fortschritt läßt auf beiden Seiten eine neue Art von Gefallen am Reiten und Gerittenwerden aufkommen. So erleben bei diesem Reiten auch Sie eine neue, aber erfreuliche Dimension.

Die Seitengänge, die von Ihnen als Freizeitreiter bisher als Dressurreiten mit negativem Vorzeichen empfunden wurden und daher nicht in Frage kamen, werden Sie nun in einem völlig anderen Licht sehen. Dies geht so weit, daß das zweckbestimmte Reiten dieser Lektionen, also der gymnastizierende Effekt, zwar nach wie vor willkommen ist, aber nun nicht mehr als Hauptsache angesehen wird.

Es entwickelt sich ein beglückendes Gefühl, mit seinem Pferd etwas ganz Besonderes tun zu können, etwas, wozu

Manches kaum noch reitbare Pferd erlebt durch umsichtiges Erlernen der Seitengänge ein völlig neues Gefühl des Gerittenwerdens. Später können diese Übungen, wie hier der Travers, auch ins Gelände verlegt werden.

auch Sie selbst erst anspruchsvollere Fähigkeiten entwickeln mußten, um diese in Harmonie mit Ihrem Pferd umsetzen und erreichen zu können.

Und auch bei Ihren Ausritten im Gelände werden Sie im Laufe der Zeit die Wandlung Ihres Pferdes erleben, die Ihr Glücksgefühl beim Reiten und Ihre Harmonie mit ihm noch mehr vertiefen wird.

Frage: Warum wird das Schulterherein in der Freizeitreiter-Akademie als der wichtigste Seitengang angesehen?

Claus Penquitt: Ohne die Seitengänge, und hier im besonderen durch das von François Robichon de la Guérinière erfundene Schulterherein, ist die sogenannte und an anderer Stelle erläuterte Versammlung eines Pferdes, als Resultat einer umfassenden gymnastizierenden Schulung, aus meiner Sicht nicht denkbar.

Hierbei hat das Schulterherein unter den Seitengängen einen ganz besonderen

Stellenwert. Als Guérinière vor über zweihundertfünfzig Jahren eine Bestandsaufnahme aller gymnastizierenden Lektionen auf ihre Brauchbarkeit machte, soll er gemeint haben, daß es eine noch effektivere Form der Gymnastizierung geben müßte. Vor allem vermißte er eine intensivere Lösung der Schultern des Pferdes.

Schulterherein zur Gymnastizierung und Korrektur

So führte er das Schulterherein ein. Eine geniale Leistung, wie sich bald herausstellte. Aus alten Schriften geht hervor, daß wohl keiner der alten Reitmeister seitdem auf die Anwendung des Schulterhereins verzichten wollte. Auch benutzten sie es als das bevorzugte Korrekturmittel.

Hatte ein Pferd Schwierigkeiten in Galopp-Lektionen, so empfahlen sie, diese mittels des Schulterhereins zu beheben. Nach Guérinières Meinung konnte ein verrittenes Pferd durch einen geübten Reiter binnen kürzester Zeit durch regelmäßige Lektionen im Schulterherein korrigiert werden.

Schulterherein, so Guérinière, benötige ein Pferd während seiner gesamten Ausbildungszeit.

Ich bin sogar der Meinung, daß das Schulterherein ein Pferd sein ganzes Reitleben lang begleiten sollte. So verfahre ich seit vielen Jahren mit bestem Erfolg.

Ein Schüler von de la Guérinière beim Schulterherein (nach einem Gemälde von Charles Parrocel).

Frage: Welchen Sinn haben Kombinationen von und mit Seitengängen?

Aus einer Volte zum Schulterherein

Claus Penquitt: Die Einleitung eines Seitenganges aus einer anderen Lektion heraus kann Ihnen und Ihrem Pferd eine gute Hilfe sein. So können Sie, um ins Schulterherein zu kommen, dies vom Bahnmittelpunkt »X« über eine Volte beginnen.

Die Volte vergrößern Sie schneckenförmig bis zu einem Zirkel. Kurz vor Erreichen des Hufschlages lassen Sie ausnahmsweise mal die Hinterbeine führen, damit diese in entsprechender Schrägstellung den Hufschlag zuerst erreichen. Nun veranlassen Sie das Pferd, in dieser Schrägstellung auf dem Hufschlag zu bleiben und in Schulterhereinstellung weiterzugehen.

Der Witz an dieser Sache ist, daß Sie beim Volte-Vergrößern die gleichen Hilfen geben und die gleiche Körperhaltung einnehmen müssen wie danach im Schul-

Schulterherein – entwickelt aus dem Vergrößern einer Volte.

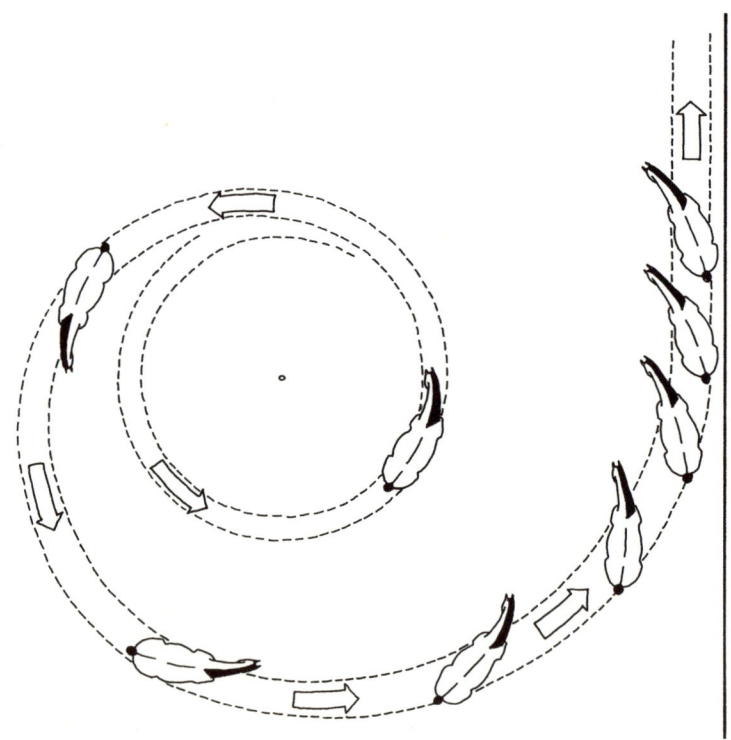

terherein. So brauchen Sie sich nicht umzustellen, und das Pferd wird hierdurch auch nicht gestört. Hinzu kommt, daß es die beim Vergrößern der Volte erforderliche Hohlbiegung weiterhin beibehalten kann.

Schulterherein-Galopp – erst auf dem Zirkel

Mit etwas Fantasie werden Sie bald auch noch andere praktische Kombinationen entdecken. So zum Beispiel, wenn das Pferd den Schulterherein-Galopp lernen soll.

Hier wird es anfangs auf dem geraden Hufschlag ständig umspringen wollen. Auf dem Zirkel geritten, ist dem Pferd dies in Schulterhereinstellung derart unangenehm, daß solche Ambitionen gar nicht erst aufkommen werden.

Bringen Sie also dem Pferd den so ungemein wichtigen Schulterherein-Galopp erst auf dem Zirkel geritten bei. Dies sollten Sie anfangs in nur leichter Schrägstellung tun. Schon bald wird Ihr Pferd diesen Seitengang, im Galopp geritten und ohne in den Kontergalopp umzuspringen, beherrschen.

Da Sie beim Reiten auf dem Zirkel auch den Hufschlag berühren, verfahren Sie nach dem zweiten im Schulterherein gerittenen Zirkel nun so, wie es bereits für die entprechende Situation im Schritt oder Trab beschrieben ist, indem Sie am Ende des Zirkels auf dem Hufschlag auf der langen Seite in Schulterherein-Stellung weiterreiten. Bald wird der Schulterherein-Galopp beliebter Bestandteil Ihres Gymnastizierungsprogramms sein.

Von einem Seitengang in den anderen gleiten

Kombinieren Sie Seitengänge geschickt, dann können Sie mit gleitendem Übergang von einem in den anderen gehen. Wer von einer langen Bahnseite diagonal durch die ganze Bahn in der Traversale wechseln möchte, sollte dies aus dem Schulterherein tun.

Sie reiten in der Bahn rechtsherum im Schulterherein. Dabei ist das Pferd auf seiner rechten Seite hohlgebogen. Das fällt ihm, da es entgegen seiner Bewegungsrichtung hohlgebogen ist, auch nicht besonders schwer. Von einer kurzen Seite weiterhin im Schulterherein noch um die Ecke herum kommend, geht es dann nach zwei Pferdelängen fließend in die Traversale über, die durch die ganze Bahn wechselnd fortgesetzt wird.

Für diesen Übergang war zwar ein Wechseln des Schenkeleinsatzes und der Zügelführung erforderlich, aber die so wichtige Hohlbiegung des Pferdes aus dem Schulterherein können Sie nun auch in der Bewegungsrichtung des Pferdes beibehalten.

Anfangs wird dies sicher schwierig sein, aber im Laufe der Zeit werden mit viel Geduld diese und auch andere wohlüberlegte Übergänge in gewünschter Art fließend gelingen.

Ohne Seitengänge kein anspruchsvolles Freizeitreiten

Durch das Einbeziehen von Seitengängen wie Schulterherein, Travers, Renvers, Traversale und letztere als Steigerung im Zickzack geritten, kann sich für den Freizeitreiter aus schlichtem gymnastizieren-

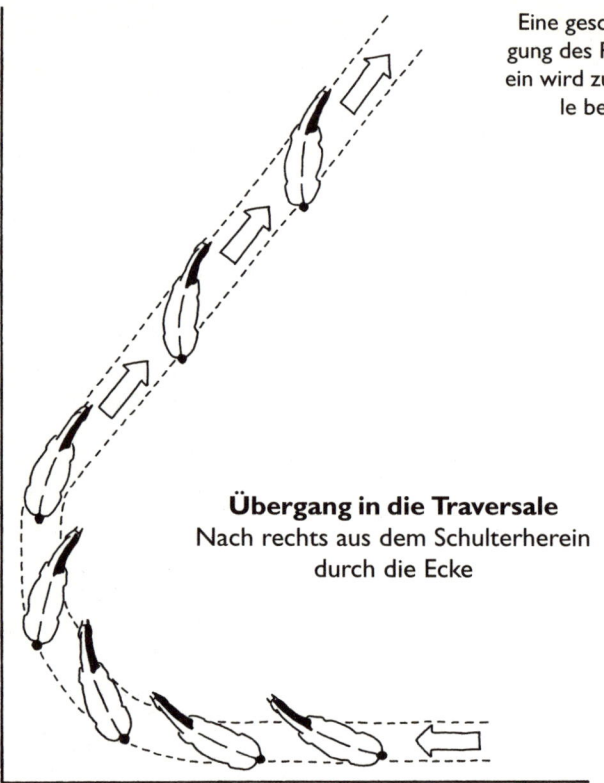

Eine geschickte Überlegung – die Biegung des Pferdes aus dem Schulterherein wird zum Übergang in die Traversale benutzt und für diese erhalten.

Übergang in die Traversale
Nach rechts aus dem Schulterherein durch die Ecke

dem Reiten die Vorstellung eines Tanzes mit dem Pferd ergeben.

Das Wunderbare am Reiten der Seitengänge ist, daß diese von jedem Freizeitreiter mittels einfacher Lernschritte, in einem entsprechenden Schulungsprogramm, ohne weiteres erlernt werden können. Viele, die anfangs mit großem Vorbehalt hiermit anfingen, können sich heute ein Reiten ohne Seitengänge nicht mehr vorstellen.

Bleibt zur Beantwortung der eingangs gestellten Frage nur noch zu sagen: Wer anspruchsvolles Freizeitreiten befürwortet, wird nun wissen, daß und warum Seitengänge auch im Freizeitreiten unerläßlich sind.

Frage: Was kann ich tun, wenn ich keinen Reitplatz zur Verfügung habe?

Claus Penquitt: Viele, der in diesem Buch beschriebenen gymnastizierenden Maßnahmen, lassen sich ins Gelände verlagern. Nur zum Erlernen der Seitengänge halte ich einen Reitplatz mit einem deutlich erkennbaren Hufschlag für unumgänglich. Hierbei ist seine Größe für diese Zwecke nicht unbedingt entscheidend. Ein Platz von 10 × 20 Metern, provisorisch hergerichtet, ist immer noch besser, als keinen zu haben.

Hat Ihr Pferd auf einem Reitplatz die Grundlagen der gymnastizierenden Lektionen erst einmal erlernt, dann können Sie diese in der Folge sehr wohl ins Gelände verlagern. Hier finden Sie viele Gelegenheiten. Auf einem unbefestigten Weg haben Sie für Schulterherein, Travers, Renvers und für die Zick-Zack-Traversale genügend Platz und den Wegrand als Begrenzung.

Je mehr Sie suchen, desto größer wird die Routine. Um einzeln stehende Bäume herum lassen sich Volten in allen Gangarten und verschiedenen Seitengängen drehen. Auf Stoppelfeldern – soweit erlaubt – ist viel Platz. Nicht nur zum Geradeausreiten, auch für schönste Galopp-Traversalen.

Herumliegende Strohballen in Volten oder Zirkeln mit fliegenden Wechseln und in Seitengängen zu umkreisen macht nicht nur Spaß, es ist auch interessant und bringt Abwechslung für Ihr Pferd. Die immer wieder geäußerten Ängste, daß Pferde beim Anblick eines Stoppelfeldes unkontrollierbar im Galopp abziehen, können dann der Vergangenheit angehören, denn die Gefahr ist nur durch falsches Verhalten im Gelände entstanden.

Im Watt einer Nordseeinsel oder wo auch immer es bei Ebbe kilometerweit nur weißen trockenen Sand gibt, können Sie sich durch die Hufspuren Ihres Pferdes den schönsten Hufschlag schaffen. Und bevor Sie Ihr Pferd in den Wind stel-

Viele gymnastizierende Lektionen können auch ins Gelände verlegt werden. So lassen sich Strohballen, wenn erlaubt, sehr schön in Zirkeln und Volten umkreisen. Wer's kann, macht einen fliegenden Wechsel dazwischen.

Unbedacht durch die Gegend zu heizen, vielleicht als Wette um einen Kasten Bier, macht Pferde bald unkontrollierbar.

len, um es mal ordentlich laufen zu lassen, werden Sie artig die schönsten gymnastizierenden Figuren reiten.

Solche und ähnliche Beispiele lassen sich beliebig fortsetzen. Natürlich kann so nicht voll befriedigend ein Reitplatz ersetzt werden. Andererseits kann aber auch ein Reitplatz niemals vollständiger Ersatz für das Reiten in freier Landschaft sein.

Denken Sie immer daran, daß Eintönigkeit Gift für Ihr Pferd ist. Sie sollten daher durch Vielseitigkeit im Reiten nicht nur die körperliche Gesundheit Ihres Pferdes fördern und erhalten, sondern stets und ständig auch Anforderungen an seine Psyche stellen und diese auslasten und erfreuen.

Machen Sie dies zu Ihrem ständigen Bestreben, dann wird Ihr Pferd es Ihnen auf vielfache Art sein ganzes Leben lang danken.

Anhang

Weitere empfehlenswerte Literatur

BLAKE, HENRY: Versteh dein Pferd. Cham 1993

BRUNS, URSULA; TELLINGTON-JONES, LINDA: Die Tellington-Methode. Cham 1993

GUÉRINIÈRE, F. R. DE LA: Ecole de Cavalerie. Hildesheim 1996

HINRICHS, RICHARD: Tänzer an leichter Hand. Wedemark 1994

LOCH, SYLVIA: Reitkunst im Wandel. Stuttgart 1995

OVER, UTA: Zäumungen und Gebisse. Cham 1996

PENQUITT, CLAUS: Die Freizeitreiter-Akademie. Stuttgart 1993

PENQUITT, NATHALIE: Nathalie Penquitts Pferdeschule. Stuttgart 1996

SCHIRG, BERTOLD: Die Reitkunst im Spiegel ihrer Meister, Bd. 1 + 2. Hildesheim 1987 + 1992

SCHUSDZIARRA, HEINRICH und VOLKER: Reitergespräche. Cham 1989

SCHUSDZIARRA, HEINRICH und VOLKER: Gymnasium des Reitens. Cham 1978

SOLINSKI, SADKO G. Reiter, Reiten, Reiterei. Hildesheim 1993

Der Autor weist darauf hin, daß diese Aufstellung keinen Anspruch auf Vollständigkeit erheben kann und daß der Inhalt der Bücher nicht immer in allen Aussagen mit seinen Ansichten übereinstimmt.

Weitere empfehlenswerte Videos

PENQUITT, CLAUS: Die Freizeitreiter-Akademie Teil 1. Stuttgart 1995

PENQUITT, CLAUS: Die Freizeitreiter-Akademie Teil 2. Stuttgart 1996

PENQUITT, CLAUS: Die Freizeitreiter-Akademie Teil 3. Stuttgart 1996

PENQUITT, NATHALIE: Nathalie Penquitts Pferdeschule. Stuttgart 1997

Register

Abkippen des Beckens 47, 51, 80
Abstellungswinkel 38
Abwechslungsmöglichkeiten 9
Alte Reitmeister 44 ff.
altkalifornisches Reiten 11, 57
altklassische Reitkunst 49
altklassische Lektionen 10
amerikanische Kandare 39
Andalusier 13, 14, 20
Anhalten 62, 82
Anlehnung 65
Annehmen der Zügel 67
Anreiten 35
Araber 14 ff.
Araber, Shagya- 14, 15, 18
Araber, Vollblut- 14
Arbeitstempo 75
Auflagefläche 27, 28, 30
Aufmunterung 63
Ausbildung 33, 46
Ausbildungsmängel 44
Ausrüstung 46
Aussitzen 48 f., 75, 78
Aussitzen, im Trab 51
australischer Stocksattel 26, 29
Außenseite 59 ff.

Becken 49, 50
Beckenabkippen 47, 51
Beizäumung 89
Belohnung 62
Bewegungsrichtung 60
Billy-Allen-Bit 40
Bodenarbeit 85
Bodenschule 24 ff.
Bosal 32, 33

Cowboy 49, 75, 76

Distanzrennen 19
Dreitakt 79

Einhändig reiten 69
Einreiten 67
empfindlicher Rücken 54
Entlastungssitz 48
Entspannung 51

Fesselgelenk 90
Fjordpferd 21, 35

Galopp 18, 55, 78 ff., 90
Galopp, im Schulterherein 95
Gangvermögen 23
Gardian 49
Gaucho 49
Gebisse 33 ff.
gebißlose Zäumung 31
Gelände 56
Gelassenheit 23
Gerte 43 f., 63
Gesäß 49
Geschicklichkeitsübungen 86 f.
Gewichtshilfen 71
Gewichtsverlagerung 72
Gleichgewicht 71
grob gerittenes Pferd 61
Grundausbildung 24, 31
Guérinière 10, 46, 92, 93
gymnastizierende Lektionen 32
Gymnastizierung 10, 11, 64, 91, 93
gymnastizierende Lektionen 76

Hackamore, mechanisches 31, 32
Hackamore, Original- 32, 33
Haflinger 21
Halfbread 39
Hankenbug 89, 90
hartes Maul 61
Hilfen 61
Hilfszügel 44, 45, 89
hohlgebogene Seite 59, 61
Hohlkreuz 47, 50, 57
Hohlsattelform 27, 29

Hüftgelenk 90
Hüftleiden 28

iberische Pferde 20
iberische Reitweise 11, 57
iberischer Sattel 28, 36
Innenseite 59 ff.
Isländer 22

Jagdreiten 57
Jagdsitz 48, 78
Jog 52, 75 ff.
junge Pferde 57

Kammerfreiheit 31
Kandare 39
Kandare, amerikanische 39
Kandare, langsame 40
Kappzaum 32
Kinnkette 39
Kniegelenk 90
Kombinationen, Seitengang- 94
Kondition 27
Konstitution 27
Kontergalopp 95
konventioneller Sattel 30, 54
konventioneller Sitz 47, 48
Körperbau 23
Körperhaltung 72
Korrektur 93
Kreuzanspannen 47 ff.
Kupferrolle 40

langsame Kandare 40
Lebhaftigkeit 23
leichter Sitz 48
Leichttraben 48, 54, 57
Lektionen, altklassische 10

Lektionen, gymnastizierende 32, 76
Lipizzaner 13, 14
Lusitano 13, 14, 20, 21, 37

Martingal 44
Maul, hartes 61
Mecate 33
mechanisches Hackamore 31, 32
Meditationszeit 74
Mentalität 14
Morganhorse 26, 35, 37, 55
Mundstück 40
Muntermachen 44

Nachgeben der Zügel 67
Neck Reining 70
Nervenstärke 16

Oberkörper 50, 51
Oberschenkel 51
Original-Hackamore 32, 33

Passage 81
Paßform, Sattel 30
Penquitt-Sitz 47
Pferd, grob geritten 61
Pferd, Quadrat- 22, 23
Pferd, Rechteck- 22, 23
Pferde, andalusische 20
Pferde, iberische 20
Pferde, junge 57
Pferde, verdorbene 26
Pferderassen 13 ff.
Pferderücken 27, 54
Piaffe 81
Pole-Bending 16
Ponyrassen 21, 22
Portuguesa-Sattel 28, 36

Portuguesa-Penquitt-Sattel 36
Probleme beim Rückwärtstreten 85, 86
Proportionen 31

Quadratpferd 22, 23
Quarterhorse 14

Rechteckpferd 22, 23
Reiten, altkalifornisches 57
Reiten, iberisches 57
Reitmeister 44 ff.
Reitplatz 96
Reitprogramm 16
Reitweise, iberische 11
Reitweise, südfranzösische 11
Renngalopp 78
Renvers 38, 95
Richtungsänderung 67
Rücken, empfindlicher 54
Rückwärtstreten 83, 84
Rückwärtstreten, Probleme beim 85, 86

Sättel 27 ff.
Sattel, australischer 26, 29
Sattel, iberischer 28, 36
Sattel, konventioneller 30, 54
Sattel, Paßform 30
Sattel, Western- 26
Sattelbaum 31
Sattelgröße 30 f.
Sattelunterlage 31
Schenkelhilfen 42, 67
Schlurfen 77
Schritt 51, 74

Schrittphase 74
Schulterherein 60, 66 ff., 92 f.
Schulterherein-Galopp 95
Schwebsitz 48
Schwerpunkt 47, 50
Seitengang-Kombinationen 94
Seitengänge 27, 64, 56, 66, 77, 81, 91
selbst ausbilden 24
Sensibilität 62, 63
Shagya-Araber 14, 15, 18
Shanks 40
Sitz 37, 47, 48, 80
Sitz, konventioneller 47, 48
Sitz, Penquitt- 47
Sitzhaltung 50
Sliding-Stop 82
Snaffle Bit 34
Sporen 41 ff., 63
Sprunggelenk 90
Stocksattel, australischer 26, 29
Stoppen 62, 82
südfranzösische Reitweise 11

Sweet Iron 34

Touchieren 43
Trab 51, 52, 75, 77, 78
Trab, Aussitzen im 51 f.
Trail 21, 35
Travers 43, 72, 95
Traversale 11, 17, 43, 55, 72, 73, 95 f.
Treibende Hilfen 83

Unterlegtrense 39

Vaquero 49
verdorbene Pferde 26
Vergrößern der Volte 60, 68, 94
Verkleinern der Volte 66
Versammlung 89
Versammlung, zügelunabhängige 65
Verspannungen 46, 51
Viertakt 74
Vollblutaraber 14
vollgebogene Seite 60, 61
Volltraversale 35, 72
Volte 38, 62, 66, 69, 94
Volte vergrößern 60, 68, 94

Volte, verkleinern 66
Vornüberbeugen 72, 87
Vorwärtssitz 48
Vosal 32

Warmreiten 74
Warmreitezeit 55
Wassertrense 34
Western-Pleasure 77
Westernreiten 16, 70
Westernsattel 27, 36
Widerristhöhe 22
Wirbelsäule 50, 51

Zäumung, gebißlose 31
Zirkel 55
Zügeldruck 83
Zügeleinwirkung 89
Zügelführung 64, 66, 68
Zügelhaltung, junges Pferd 69
Zügelhaltung, normal 69
Zügelhilfen 38, 45, 65, 67
Zügelkräfte 65
Zügelunabhängige Versammlung 65
Zweitakt 77

Erlebnis Pferde

Eine Gebrauchsreiterei im besten Sinne, schonend für Pferd und Reiter, stellt Claus Penquitt hier in Wort und Bild vor. Die einzelnen Lernschritte sind logisch aufgebaut und ihre Ausführung wird so detailliert erklärt, daß sie für jeden leicht nachvollziehbar ist.

240 Seiten, 211 Abbildungen
ISBN 3-440-06628-2

Die ideale Ergänzung zum Buch:
Die erfolgreiche Viedo-Reihe von Claus Penquitt. Von den Grundlagen bis hin zu anspruchsvollen Übungen für fortgeschrittene Reiter.

Teil 1, ca. 40 Min.
ISBN 3-440-06794-7

Teil 2, ca. 40 Min.
ISBN 3-440-06870-6

Teil 3, ca. 40 Min.
ISBN 3-440-07155-3

kosmos

Bücher • Videos • CDs • Kalender

zu den Themen : Natur, Garten- und Zimmerpflanzen, Astronomie, Heimtiere, Pferde, Kinder- und Jugendbücher, Eisenbahn/Nutzfahrzeuge

Erlebnis Pferde

Nathalie Penquitt entwickelte eine sanfte Methode der vertrauensvollen und spielerischen Beschäftigung mit Pferden.
Dieses Buch gibt detaillierte Anleitungen für gymnastizierende Übungen, Bodenarbeit und Zirkuslektionen.

128 Seiten, 186 Farbfotos
ISBN 3-440-06897-8

Das Video - die ideale Ergänzung zum Buch. Schritt für Schritt zeigt es alle Grundlektionen und Übungen bis hin zu zirzensischen Kunststücken.
Computeranimation und Zeitlupenstudien verdeutlichen schwierige Bewegungen.

Video, ca. 40 Min.
ISBN 3-440-07326-2

Bücher • Videos • CDs • Kalender

zu den Themen: Natur, Garten- und Zimmerpflanzen, Astronomie, Heimtiere, Pferde, Kinder- und Jugendbücher, Eisenbahn/Nutzfahrzeuge